AF192979

Guía para el docente y solucionarios

Limpieza en espacios abiertos e instalaciones industriales

ic editorial

Editado por: IC Editorial
c/ Cueva de Viera, 2, Local 3
Centro Negocios CADI
29200 Antequera (Málaga)
Teléfono: 952 70 60 04
Fax: 952 84 55 03
Correo electrónico: iceditorial@iceditorial.com
Internet: www.iceditorial.com

Guía para el docente y solucionarios:
Limpieza en espacios abiertos e instalaciones industriales

1ª Edición

ISBN: 978-84-1184-262-4
Depósito Legal: MA 1761-2023

Impresión: PODiPrint
Impreso en Andalucía - España

Índice

Guía para el docente: técnicas de enseñanza y aprendizaje

Contenido

1. Introducción

El presente capítulo está destinado a ofrecer al cuerpo docente responsable de la enseñanza del programa de cualificaciones profesionales y certificados de profesionalidad, una guía metodológica para obtener el máximo rendimiento de los contenidos formativos que han sido desarrollados para el presente título.

La mejora de las habilidades comunicativas y la aplicación de una metodología contrastada de enseñanza, aprendizaje y evaluación permitirá transmitir el conocimiento y adquirir el programa formativo de la forma más efectiva y práctica posible.

Estudiaremos cuáles son los principales elementos que forman parte de la comunicación profesor-alumno, a través de una cuidada selección de sistemas de planificación de estrategias didácticas, así como la utilización de medios y recursos didácticos.

La integración de todas las actividades planificadas alrededor de un plan de formación adaptado e individualizado, aumentará además la satisfacción del alumnado por la utilización de un sistema no lineal e interactivo que se retroalimenta gracias a la relación establecida entre la propia metodología y los actores que forman parte de la enseñanza.

2. El programa de formación

Una de las claves del éxito de la mayoría de las actividades que se realizan en general, y concretamente en la formación, es la **programación.** Es necesaria la programación de las acciones formativas, para que así se pueda alcanzar el objetivo final, es decir, que el alumno obtenga una buena capacitación y adquiera nuevos conocimientos en su repertorio y que, después, sea capaz de emplearlos en su trabajo.

2.1. Definición de programación

Cuando se habla de **programación,** se pueden encontrar multitud de definiciones. Para sintetizar, se podría definir como la actividad de enunciar lo que se quiere hacer (objetivos, contenidos, métodos, temporalización, medios y recursos didácticos y evaluación).

 Definición

Programación
Es un plan donde se establecen las acciones que se van a realizar en un proceso de enseñanza-aprendizaje, por medio de un formador o un equipo.

A continuación, se va a describir una serie de características que tiene que tener una programación didáctica:

- Dinámica. Una programación no es estática ni está acabada, siempre está en constante revisión, de ahí su dinamismo. Además va cambiando o evolucionando según los resultados de la evaluación continua que se va realizando durante la ejecución de la acción.
- Flexible. Esta característica permite que se puedan hacer cambios, ampliaciones, reducciones y actualizaciones de los contenidos y actividades programadas, según las necesidades que se observen.
- Creativa. La programación como es un diseño propio y exclusivo, exige creatividad y originalidad. El docente es el que decide sobre el quehacer en el aula teniendo en cuenta las características del grupo, las necesidades que se pretenden satisfacer y las propias posibilidades.
- Prospectiva. La programación consiste en hacer un pronóstico de la interacción que se va a producir en el aula.

- Sistemática. La programación es un proceso sistematizador que da coherencia a la acción formativa, ya que tiene en cuenta todos los elementos (objetivos, contenidos, métodos, temporalización, medios y recursos pedagógicos y evaluación) que intervienen en el acto educativo y analiza sus relaciones.

- Integradora. Permite integrar elementos de cualificación técnico-profesionales con elementos de cualificación personal de alumnado.

- Funcional. Toda programación debe basarse en el perfil profesional de la ocupación y estructurar los contenidos formativos que proporcionan las competencias de ésta.

2.2. Elementos de la programación

Antes de empezar cualquier programación formativa, es necesario tener en cuenta los datos obtenidos del análisis de la ocupación y del grupo al que se dirige la acción formativa. A partir de esta información, se determinan los elementos que van a conformar la programación.

Cuando se realiza la programación de un curso, hay que plantearse previamente las siguientes preguntas:

1. ¿Qué quiero conseguir con la formación?	**OBJETIVOS**
2. ¿Qué conocimientos deben asimilar los alumnos para alcanzar los objetivos propuestos?	**CONTENIDOS DEL CURSO**
3. ¿Cómo trabajamos en el aula? ¿Qué actividades son las que realizamos?	**MÉTODOS DE ENSEÑANZA**
4. ¿Cuánto tiempo tengo y cuánto dedico a cada módulo?	**TEMPORALIZACIÓN**
5. ¿Qué medios y recursos didácticos se necesitan para poder llevar a cabo esas actividades?	**MEDIOS Y RECURSOS DIDÁCTICOS**
6. ¿Cómo sabemos que se ha producido el aprendizaje?	**EVALUACIÓN**

3. Factores determinantes de la efectividad de la comunicación en el proceso de enseñanza-aprendizaje

En toda comunicación que se produzca en el proceso de enseñanza-aprendizaje, existen factores determinantes que obstaculizan o refuerzan este proceso.

3.1. Obstáculos de la comunicación

Relacionados con el emisor

- No expresar de forma clara qué mensaje se quiere transmitir.
- Comentar algo a lo largo de la explicación que no sea lo correcto y pueda resultar desagradable.
- Cambiar el tema de conversación.
- Desviarse del tema que se está tratando.
- No mirar al receptor cuando se quiere expresar algo.
- No estar atento a las señales que emite el receptor.
- Expresar alguna idea a través de los gestos que no se corresponda con la idea a comunicar.

Relacionados con el receptor

- No comprender las ideas que quiere expresar el emisor.
- No pedir explicación al emisor de aquella información que no le haya quedado clara.
- Interrumpir al emisor cuando está hablando.
- Captar algo diferente a lo que el emisor desea transmitir.

Relacionados con el mensaje

- Mensaje confuso.
- Mensaje muy corto.
- Mensaje muy extenso.
- Abuso de muletillas.
- Utilización de frases sin terminar.
- Dar "rodeos" para decir la idea principal.

Relacionados con el contexto

- No ser el momento adecuado para transmitir algo.
- No saber escoger el lugar oportuno.
- La presencia de ruidos y de interferencias.
- No pensar en las personas que están cerca.

Relacionados con el código

- No utilizar el mismo código que la persona con la que se habla o a la que se escucha.
- No adaptar el vocabulario a la situación o a la persona con la que se conversa.
- Utilizar el doble sentido.

3.2. Sugerencias para el mejor funcionamiento de la comunicación

Emisor

- Acostumbrarse a planificar la comunicación.
- Concretar visiblemente los objetivos.
- Buscar la retroalimentación en la comunicación.
- No tratar de impresionar al receptor.

Mensaje

- Que sea claramente entendido por el receptor.
- Que la terminología usada sea de referencia común.
- Que reclame la atención y el interés del alumnado.
- Que sea sencillo de interpretar.
- Que su contenido sea adecuado y convincente.
- Que produzca el máximo efecto posible.

Canal

- Que sea el más apropiado al grupo al que se dirige, al contenido del mensaje y al objetivo que persigue el formador.
- Que sea el que cause mayor impacto en el receptor.
- Que sea el más eficaz.
- Que sea el que mejor domine el formador.

4. La comunicación verbal y no verbal en el proceso instructivo

Los medios de comunicación pueden agruparse en dos grandes bloques: los **medios verbales,** que son aquellos que usan la lengua como código compartido; y los **medios no verbales,** que son los que se fundamentan en otros códigos simbólicos. A su vez, dentro de los medios verbales, están el medio escrito y el medio oral.

Cada uno de estos medios tiene sus ventajas y sus inconvenientes, por lo que la selección del medio deberá tener en cuenta las circunstancias y características que en cada caso presenta el comunicador, la audiencia y el mensaje que se ha de transmitir.

4.1. Los medios verbales

La comunicación verbal

La comunicación verbal se utiliza para comunicar ideas o dar información, opiniones, expresar o describir sentimientos, etc. Sirve de vehículo a los contenidos explícitos del mensaje. Para garantizar la efectividad de la comunicación, es necesario que el mensaje se presente de forma descriptiva y operativa, pero siempre teniendo muy en cuenta el código común del grupo al que va dirigida esta comunicación.

Un uso correcto del lenguaje oral ayuda a acercarse más a los alumnos. Los principales aspectos a considerar son los que aparecen a continuación.

Construcciones gramaticales

El objetivo será transmitir el mensaje de la manera más clara posible. Se deben evitar los giros rebuscados, la sintaxis complicada y las metáforas. En las explicaciones y conversaciones debe primar el contenido sobre la forma.

Vocabulario

Es importante saber qué palabras van a expresar mejor los conceptos que se desean transmitir y las que pueden ser comprendidas mejor por los alumnos. El análisis previo de los alumnos ayuda a saber qué términos técnicos se pueden utilizar sin problemas, cuáles se tienen que explicar y cuáles se deben evitar.

En general, siempre hay que mantenerse dentro de un lenguaje formal, evitando los vocablos demasiado coloquiales, las palabras extranjeras, las referencias académicas y expresiones de carácter religioso, político, deportivo o cultural, que pueden resultar agresivas para los alumnos.

Ejemplos

Los conceptos abstractos que pueden aparecer y que dificultan la adquisición de los contenidos, tienen que ser expresados mediante las explicaciones del formador, siempre apoyándose en la visualización.

La comunicación escrita

La comunicación escrita posee un carácter más veraz que la oral. La interacción que tiene lugar entre el emisor y el receptor no es inmediata, en algunas ocasiones no llega a producirse jamás. Este tipo de comunicación ofrece más oportunidades expresivas y mayor complejidad gramatical, sintáctica y léxica. También hay que tener en cuenta que a veces dificulta la expresión y/o puede no proporcionar *feedback* de manera inmediata.

4.2. Los medios no verbales

Al igual que las palabras, los elementos de la comunicación no verbal son signos que representan una idea (se excluyen todos los signos lingüísticos).

A diferencia de la comunicación verbal, su función no se centra sólo en la transmisión de contenido, sino que traspasa esa frontera para expresar también las emociones del emisor, controlar la interacción y proporcionar *feedback* del efecto que el mensaje produce en el receptor. Todas estas funciones son muy útiles para el formador, tanto en su tarea de transmisor de conocimientos como en la tarea de motivar y dirigir al grupo.

A continuación, se detallan las diferentes categorías en las que se agrupan los elementos de la comunicación no verbal.

Kinesia

Posturas

Una de las primeras cosas que el formador debe transmitir a sus alumnos es confianza y seguridad, lo que puede conseguirse a través de una postura erguida (sin llegar a ser arrogante), de pie, apoyándose sobre los dos pies y manteniendo la cabeza alta.

Esta postura es útil, especialmente durante la presentación del curso, porque ayuda a relajar el cuerpo, a facilitar la respiración y a controlar las muestras de nerviosismo, al tener un buen apoyo en el suelo.

A medida que avanza el curso, se pueden adoptar otras posturas que faciliten el descanso (apoyarse), el acercamiento (echar el cuerpo hacia delante) o que resten protagonismo (sentarse).

Gestos

Los gestos son un buen aliado del formador, excepto cuando éste se siente incómodo o nervioso. Gestos de carácter adaptador, como rascarse o colocarse la ropa, pueden delatar su estado emocional.

La mayoría de los gestos cumplen la función de reforzar el mensaje verbal (ilustradores), aunque existen otros cuya función es regular las intervenciones cuando se dirige una discusión de grupo.

Expresiones faciales

Las expresiones de la cara transmiten las emociones y permiten obtener fácilmente una respuesta del alumno.

Una expresión facial agradable, como una sonrisa no forzada, facilita la creación de un ambiente relajado en el aula. Una sonrisa puede ser muy útil también para romper la tensión que inevitablemente surge en algunas sesiones.

Mirada

La mirada, junto con la postura, es uno de los mejores métodos para transmitir confianza (en momentos de nerviosismo se tiende a apartar la vista) y para captar la atención de los alumnos.

Mientras el formador habla debe mantener la mirada sobre los alumnos la mayor parte del tiempo, mirándolos el tiempo suficiente como para que se sientan atendidos pero no incómodos. También se puede utilizar la mirada durante las discusiones de grupo, con una función reguladora de las distintas intervenciones.

Desplazamientos

Realizar desplazamientos en el aula capta la atención del alumnado, además de facilitar el contacto visual. Hay que procurar que no sean repetitivos o bruscos (pasear cerca de los alumnos), y cambiar de un recurso a otro (ir de la pizarra al retroproyector), etc.

 **Recuerde**

Los recursos no verbales que estudia la Kinesia son:

▌ Posturas.
▌ Gestos.
▌ Expresiones faciales.
▌ Mirada.
▌ Desplazamientos.

Estos recursos pueden utilizarse tanto para reforzar lo que se expresa mediante la comunicación verbal como para sustituirlo.

Proxémica

El aspecto de la proxémica que más interesa es la proximidad física entre los individuos, ya que los alumnos pueden sentirse violentos si el formador se aproxima excesivamente a ellos o, por el contrario, verle distante si no se acerca.

Se debe prestar atención a este aspecto, tanto durante las intervenciones como al distribuir el espacio del aula que se va a emplear, evitando siempre que los asientos estén demasiado juntos o demasiado separados.

Paralingüística

Para captar la atención del público, los oradores suelen hacer uso de determinados aspectos como el tono de voz o las pausas, que en algunos casos pueden parecer exagerados.

El formador, aunque emplee el método de la lección magistral, no es un orador y, por tanto, no debe prestar especial atención a estos aspectos, excepto cuando le plantean algún problema, debido a la ansiedad, al cansancio o a un mal estado de salud. Practicar en voz alta y realizar grabaciones durante la fase de preparación puede ayudar a vencer estas dificultades.

Volumen

Aunque el aula sea pequeña, se tiene que realizar el esfuerzo de hablar lo suficientemente alto para que todos los alumnos oigan las explicaciones y, a la vez, transmitir confianza. En general, el volumen se ajustará instintivamente cuando se compruebe dónde se sitúa la persona que se encuentra más alejada.

Entonación

El problema más frecuente, especialmente si se está cansado, es la monotonía, que no contribuye a captar la atención ni a motivar a los alumnos.

El interés que el formador muestre por el tema y una correcta preparación le hará destacar los puntos clave y jugar con la entonación de una forma adecuada a lo largo de toda la exposición.

Pronunciación

Los problemas se presentan especialmente cuando se está nervioso o se habla demasiado rápido. Se debe hacer un esfuerzo por articular todas las palabras de manera limpia y clara, abriendo la boca lo suficiente para pronunciar correctamente las sílabas, consonantes y vocales.

Velocidad

Una velocidad correcta puede ayudar a resolver problemas de pronunciación y de entonación. Se debe hablar a una velocidad normal o algo superior, para facilitar el mantenimiento de la atención. No obstante, si se está nervioso, se puede hablar con mayor lentitud para facilitar la respiración y relajarse. También se debe reducir la velocidad cuando se expliquen conceptos técnicos complejos o cuando se espere alguna respuesta por parte de los alumnos.

Recuerde

Los elementos que trata la Paralingüística son:

I El volumen.
I La entonación.
I La pronunciación.
I La velocidad.

Proyección física

Existen determinados factores que, sin que la persona diga ni haga nada, transmiten información y hacen referencia a la imagen física que esta persona proyecta.

Es fundamental que el formador transmita una imagen positiva para los alumnos. Se debe cuidar el aspecto externo y los artefactos que se usen, como los adornos y prendas de vestir. La manera adecuada de vestir depende de la situación y siempre debe estar en consonancia con lo que cada colectivo de alumnos espera del formador.

 Ejemplo

Sería negativo vestir pieles para impartir un curso cuyo objetivo fuese desarrollar actitudes positivas hacia la protección del medio ambiente.

En cualquier caso, se debe llevar ropa que resulte cómoda, bien cuidada y no demasiado llamativa. A los adornos y al peinado se aplican las mismas reglas que al vestido.

Importante

Un objetivo fundamental del formador es dirigir la atención de los alumnos hacia el contenido que está desarrollando, nunca hacia su persona.

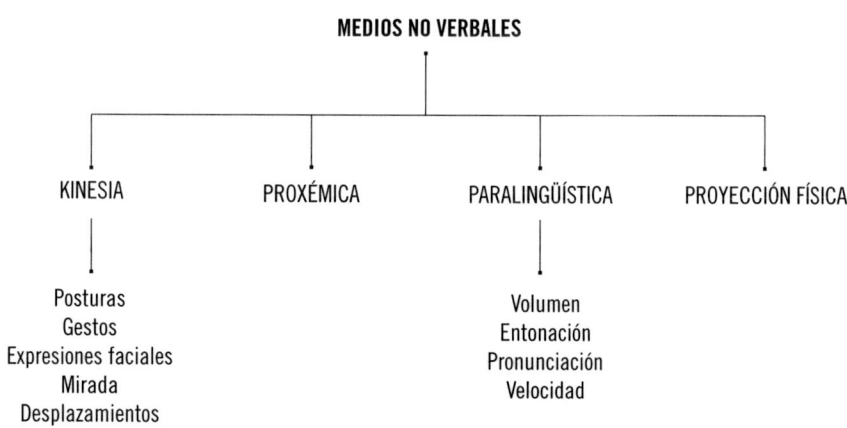

Finalmente, conviene recordar que si el formador observa atentamente la comunicación no verbal que expresan los alumnos, obtendrá una gran cantidad de información.

Hay numerosos signos no verbales que puede mostrar el alumno:

- **Atención:** posturas del cuerpo (inclinado hacia delante, hacia atrás...).
- **Necesidad de hablar:** movimientos sutiles de la boca, de la mano, etc.
- **Irritación:** movimiento de pies, manipulación de objetos sobre la mesa, etc.

- **Concentración:** tomar apuntes, mirar al docente, etc.
- **Cansancio:** cuerpo hundido, suspiros, etc.
- **Inercia:** silencios de todo el grupo, etc.
- **Desinterés:** cerrar el cuaderno, bostezar, mirar al vacío, etc.
- **Sorpresa:** levantar los brazos, abrir la boca, levantar las cejas, abrir los ojos, etc.

Si se observan estos elementos de forma atenta, se podrá obtener información sobre la comprensión del mensaje y el estado emocional de los alumnos, lo que será de gran utilidad para el formador durante el curso.

La comunicación no verbal aporta información al formador sobre los alumnos

5. Técnicas de secuenciación de contenidos

Una vez seleccionados los contenidos, hay que ordenarlos secuencialmente. La **secuenciación y estructuración de los contenidos** es el proceso que permite situarlos en una configuración que produce el máximo aprendizaje en el mínimo tiempo posible.

Algunas de las técnicas para la secuenciación de contenidos son las siguientes:

- Que los contenidos estén de acuerdo con los objetivos propuestos y con los plazos previstos para conseguirlos.

- Empezar por los contenidos más próximos y significativos para el alumno, para llegar poco a poco a lo desconocido. De esta manera, resultará más fácil introducir los nuevos contenidos.
- Ir de lo inmediato a lo remoto.
- Ir de lo concreto a lo abstracto.
- Ir de lo más fácil a lo más difícil. Esto motiva al alumnado porque le va mostrando los avances de manera rápida.

Las principales ventajas que este proceso conlleva son:

- Ayuda al participante a pasar de un conocimiento o habilidad a otro.
- Garantiza que los conocimientos y habilidades previas son alcanzados antes de introducir elementos nuevos.
- Reduce el tiempo de formación.
- Evita la confusión y los fallos en el participante.

Estos puntos son los principales aspectos a tener en cuenta cuando se realiza la presente fase de la programación de la formación, es decir, cuando se fijan los contenidos de la formación.

6. La selección y planificación de estrategias didácticas

Las personas que realizan un curso de formación son diversas, por ello es muy importante que las estrategias didácticas se adapten, de la mejor forma posible, al contexto y permitan una flexibilidad.

 Definición

Estrategias didácticas
Son procedimientos que el formador emplea para facilitar el aprendizaje, con la intención de que éste sea significativo.

Tras la selección y estructuración de contenidos, llega el momento de decidir la modalidad de formación a seguir y la metodología a utilizar en su impartición. Pero esta decisión no se puede tomar arbitrariamente, sino que ha de basarse en unos criterios. Los criterios de decisión básicos para determinar qué estrategia y qué método de formación es el adecuado, son:

- La compatibilidad con los objetivos.
- Los principios generales del aprendizaje del adulto: individualización, motivación, utilidad, practicidad, intereses, etc.
- Los principios de rigor, realismo y participación.
- El carácter eminentemente aplicativo de los aprendizajes.
- La posibilidad de transferir los aprendizajes al puesto de trabajo.
- Los recursos disponibles, incluido el tiempo.
- Los factores relacionados con los participantes, como el estilo de aprendizaje, la edad, el tamaño del grupo, la motivación, etc.

Una vez escogido el método, se observa que ninguno es químicamente puro, sino que unos participan de otros. Por lo demás, todo método puede ser adecuado o inadecuado dependiendo del modo en que sea empleado.

Los formadores deben utilizar los métodos flexiblemente, de la forma que mejor se adapten al estilo de formación, a la materia y a los alumnos, complementando cada método con la técnica y recurso didáctico más acorde.

7. La selección y planificación de medios y recursos didácticos

Para realizar cualquier acción formativa, hace falta algo más que elegir y aplicar unos métodos y unas técnicas. Son necesarios los medios y recursos didácticos, que van a ayudar a desarrollar la metodología seleccionada en el aula. Los medios y recursos didácticos permiten el trasvase de información formador-alumno.

 Definición

Medios didácticos
Son materiales elaborados para facilitar los procesos de enseñanza-aprendizaje.

Recursos didácticos
Son soportes mediante los cuales se presentan los contenidos del curso a los alumnos.

A la hora de escoger el medio o recurso a utilizar, se deben tener en cuenta los siguientes criterios:

- **Características de la materia o tema.** Dependiendo de la naturaleza de los contenidos, éstos pueden ser transmitidos por unos u otros métodos.
- **Los objetivos del curso.** Toda selección de medios y estrategias de enseñanza deben realizarse en función de éstos.
- **La disposición del aula y el número de alumnos.** Hay que tener cuidado, sobre todo en la visibilidad de alguno de los recursos, porque pueden perder eficacia.
- **Tiempo disponible para la formación.** Este elemento tiene que estar siempre presente, porque, en función del tiempo que se tenga, se elegirá lo que se adapte mejor a las necesidades.
- **Recursos disponibles,** ya que en algunas ocasiones están a nuestro alcance.
- **El uso que se haga de ellos,** cuál es la finalidad, qué es lo que se pretende y en qué momento se van a utilizar.
- **El nivel de conocimiento de los alumnos** sobre el tema.

Todos estos puntos se han de tener en cuenta a la hora de escoger un medio o recurso didáctico. La finalidad de éstos no es otra que la de fundamentar, apoyar y reforzar el acto formativo.

8. La planificación de la evaluación del proceso de enseñanza-aprendizaje

La aplicación de programas de formación lleva a la obtención de unos determinados resultados. Éstos serán los frutos de la formación y mostrarán el grado de eficacia y eficiencia con que se lleva a cabo la función formativa.

Los resultados indican el éxito de la formación mediante su contraste con los objetivos fijados anteriormente. Este procedimiento recibe el nombre de **evaluación,** proceso ampliamente conocido y con trascendencia reconocida para la formación. Según el proceso de evaluación aplicado, los resultados obtenidos serán reales y fiables, o bien, falseados.

Para que los resultados de la evaluación muestren con certeza el grado de éxito alcanzado con la formación, es necesario un requisito previo: el establecimiento de criterios de evaluación durante el proceso de planificación de la formación. Los criterios actúan como puntos de referencia, a partir de los cuales se valoran los resultados obtenidos.

Los criterios de evaluación han de fijarse con mucha atención, ya que determinan el proceso de evaluación, y éste juzga el grado de éxito de la función formativa.

El primer aspecto a tener en cuenta es la validez: los criterios de evaluación han de ser válidos en relación a los elementos del proceso formativo.

Los aspectos que determinan el grado de validez de los criterios de evaluación son:

- La relevancia.
- La no deficiencia.
- La no contaminación.
- Su fiabilidad.

El establecimiento de criterios válidos y fiables permitirá elaborar un proceso de evaluación de la formación que mida rigurosamente la eficacia y la eficiencia de la función formativa.

9. El seguimiento formativo

El seguimiento es un proceso continuo que sirve para evaluar la eficacia del uso de los recursos y para saber qué iniciativas se pueden emprender para mejorar el aprovechamiento de los recursos formativos.

El seguimiento, además de realizarse después de haber finalizado la planificación formativa, también se realiza antes de la acción.

9.1. Características

El seguimiento formativo permite evaluar los distintos componentes (desde los alumnos hasta todos los elementos que forman la programación) que intervienen en él durante todo el proceso de formación.

El seguimiento formativo se diferencia de la evaluación en que éste tiene que ver más con tareas organizativas, de coordinación, administrativas, etc.; sin embargo, la evaluación valora aspectos de los procesos de formación, como pueden ser la comunicación, el aprendizaje de los nuevos conocimientos, etc.

Con la realización adecuada de un seguimiento formativo:

- Se pueden **descubrir errores o desajustes** en el proceso de enseñanza-aprendizaje antes de que se realice la evaluación final para comprobarlos.
- Se pueden **corregir los errores** en el momento en el que se están produciendo.
- Además, **se detectan los aspectos positivos** que tienen lugar a lo largo de todo el proceso y las **posibles mejoras** que se pueden realizar.

El seguimiento formativo tiene que ser realizado por todas las personas que están implicadas en la realización de los cursos de formación (tutores, coordinadores, técnicos, etc.), por ello, el formador es una figura importante en el proceso de formación, ya que se encuentra implicado en él.

El proceso de formación debe estar planificado, pensado y planteado antes de que empiece la acción de formación, nunca debe llevarse a cabo de manera cerrada, sino que tiene que estar abierto a cualquier cambio que se considere necesario.

9.2. Finalidad

Son varias las finalidades que persigue el seguimiento formativo:

- Ayudar a comprender por qué ocurren algunas cosas y qué se puede hacer para intervenir en ese proceso que se está llevando a cabo.
- Identificar y solucionar los problemas que surgen a lo largo del proceso.
- Contribuir para elaborar planes de formación de manera objetiva, sin desviarse de la finalidad éste.
- Colaborar en la disminución y control del uso de los recursos materiales.
- Determinar el nivel que puede alcanzar el rendimiento y relacionarlo con el rendimiento actual.
- Diagnosticar y detectar problemas para llevar a cabo las acciones correctivas pertinentes.

9.3. Planificación

El seguimiento formativo debe planificarse antes y durante la acción formativa.

El objetivo de este seguimiento es comprobar la eficacia de la acción formativa antes de que ésta llegue a su fin, es decir, es necesario que durante este proceso todos los elementos que van a formar parte del aprendizaje estén planificados.

Los dos momentos que hay que tener en cuenta para planificar el seguimiento formativo son:

- **Antes de la acción formativa:** es necesario conocer las necesidades, el perfil del alumno, qué materiales, instrumentos, recursos, medios didácticos se van a usar.

■ **Durante la acción formativa:** aquí el seguimiento se utiliza para comprobar los posibles errores y mejoras que se pueden llevar a cabo. Ofrece la posibilidad de poder modificar aquellas acciones o medios que dificultan el avance del aprendizaje.

10. Instrumentos para el seguimiento

A lo largo de un ciclo formativo pueden suceder errores y surgir problemas, esto abarca desde la identificación de necesidades hasta la planificación, el diseño, la implantación y la evaluación. Por todo esto, es importante saber cuál es la causa del problema y saber tomar las medidas oportunas para que no se origine nuevamente.

Para detectar el origen del problema, siempre se necesita una información determinada, ésta sólo se puede obtener mediante técnicas que ayuden a obtenerlas, es decir, que permitan recabar y analizar los datos obtenidos.

Para el seguimiento del proceso de enseñanza-aprendizaje, se pueden confeccionar diferentes tipos de instrumentos de evaluación, como pueden ser los cuestionarios y utilizar la observación directa, etc., si el tipo de formación lo permite (presencial o semipresencial). Estos instrumentos variarán según el tipo de datos que se quiera conseguir.

Un ejemplo de plantilla para recoger y analizar la información podría ser esta:

CURSO:		1º Módulo	2º Módulo	3ºMódulo
	Suficiente			
Objetivos del módulo	Insuficiente			
	Adecuado			
	Inadecuado			

Continúa en página siguiente >>

<< Viene de página anterior

CURSO:		1º Módulo	2º Módulo	3ºMódulo
Contenidos del módulo	Suficiente			
	Insuficiente			
	Adecuado			
	Inadecuado			
Metodología	Suficiente			
	Insuficiente			
	Adecuado			
	Inadecuado			
Actividades y recursos	Suficiente			
	Insuficiente			
	Adecuado			
	Inadecuado			
Recursos materiales	Suficiente			
	Insuficiente			
	Adecuado			
	Inadecuado			
Recursos humanos	Suficiente			
	Insuficiente			
	Adecuado			
	Inadecuado			
Proceso de evaluación	Suficiente			
	Insuficiente			
	Adecuado			
	Inadecuado			
Nivel de satisfacción del alumnado	Suficiente			
	Insuficiente			
	Adecuado			
	Inadecuado			

Para el seguimiento del aprendizaje, como la información que se obtiene es de diferente índole, se recogerá mediante la aplicación de las técnicas seleccionadas y elaboradas para la evaluación de cada uno de los aspectos planteados (observación directa de los trabajos, participación, cuestionarios acerca de la motivación y satisfacción del alumnado, etc.).

Por ejemplo, los contenidos que se podrían incluir en la "parrilla" de análisis son los siguientes:

CURSO		1er Módulo	2º Módulo	3er Módulo
Conceptos (comprende los contenidos conceptuales)	Con facilidad			
	Con normalidad			
	Con dificultad			
Procedimientos (aplica y desarrolla los contenidos procedimentales)	Con facilidad			
	Con normalidad			
	Con dificultad			
Actitudes (manifiesta las actitudes adecuadas a los contenidos)	Con facilidad			
	Con normalidad			
	Con dificultad			
Motivación y participación	Con facilidad			
	Con normalidad			
	Con dificultad			
Satisfacción del alumno	Con facilidad			
	Con normalidad			
	Con dificultad			

Dos de las herramientas básicas son:

- **Los diagramas de flujo:** éstos sirven para desglosar en forma de componentes, para presentar una clara imagen de lo que ocurre.
- **Los checklists:** éstos son especialmente útiles para garantizar que se han realizado todas las acciones necesarias. Es otro método de ayuda orientado a los formadores y participantes para preparar, utilizar y solucionar los problemas del equipamiento.

Otros métodos de seguimiento y control que pueden ayudar en la formación son:

- Las reuniones formales e informales.
- Pasar un informe de las sesiones, cuestionarios de satisfacción o formularios de evaluación del curso.
- Entrevistas de evaluación.

 Recuerde

Algunos de los instrumentos de seguimiento más utilizados son:

- Cuestionario de satisfacción
- Cuestionario de motivación
- Observación directa
- Reuniones formales e informales
- Entrevistas de evaluación

11. Metodología de la evaluación del diseño de formación

Los métodos empleados en la evaluación siempre suelen son los mismos, independientemente de que se evalúen los objetivos, los contenidos, los recursos, etc. A pesar de esto, hay que tener en cuenta que no se deben utilizar todos los métodos que se van a nombrar, sino que todo dependerá de lo que se esté evaluando.

Los métodos más frecuentes son:

- Observación sistemática.
- Observación mediante observadores externos o internos del grupo.
- Análisis de trabajo.
- Entrevistas personales.
- Situaciones de simulaciones.

- Diálogos, debates.
- Cuestionarios específicos.
- Inventarios.
- Grabaciones en vídeo.
- Etc.

11.1. Evaluación de los objetivos

Cuando se diseña el programa formativo, se deben concretar los objetivos que serán objeto de evaluación al finalizar el curso, para comprobar si éstos se han alcanzado o no.

Los objetivos marcan aquellos aspectos claves que debe adquirir el alumno para alcanzar unas competencias determinadas. Éstos determinarán lo que el alumno será capaz de saber y saber hacer al acabar el curso, en unas condiciones dadas y con unos medios determinados.

Si, al finalizar el curso, se observa que los objetivos no se han cumplido en su totalidad, hay que analizar cuál ha sido la causa de este error y corregirlos. Si se han cumplido los objetivos, habrá que determinar los motivos de éxito, para volver a ponerlos en práctica en futuros cursos.

Los objetivos marcados al inicio de la formación sirven para:

- Dirigir la formación, es decir, saber hacia dónde se quiere llegar con ésta.
- Comprobar qué se ha logrado.
- Facilitar la evaluación, ya que se sabe cuáles son los objetivos que hay que evaluar.
- Reorientar la formación en el mismo momento que se está realizando.
- Elegir los métodos más adecuados para la formación.

La evaluación de los objetivos debe medirse atendiendo a:

- **Objetivos generales:** son utilizados para saber cuáles son las competencias generales.
- **Objetivos específicos:** parten de los objetivos generales.

■ **Objetivos operativos:** son derivados de los específicos. Son objetivos más concretos y siempre deben estar relacionados con actividades u operaciones determinadas. Son los más fáciles de medir.

 Ejemplo

Objetivos específicos para evaluar un curso de primeros auxilios:

▎ Aprender los conceptos básicos y generales de los primeros auxilios.
▎ Adquirir las habilidades y aplicar los principios de actuación para poder reaccionar adecuadamente en situaciones de urgencia.
▎ Conocer los aspectos jurídicos relacionados.

11.2. Evaluación de los contenidos

La evaluación de los contenidos se realizará para comprobar si los objetivos que se habían marcado al principio de la formación se han logrado, así como para eliminar aquellos contenidos que no aportan nada al curso.

Se debe tener siempre en cuenta que se puede lograr un mismo objetivo de formación utilizando diversos contenidos.

Para evaluar los contenidos, hay que comprobar si se ha seguido una secuencia lógica a la hora de impartirlos. Esta secuencia permite que los contenidos sean adquiridos por los alumnos de una manera más significativa, es decir, facilita el aprendizaje de los mismos.

Para que la evaluación de los contenidos resulte positiva, éstos deben ir expuestos:

■ De acuerdo con los objetivos propuestos y con los plazos previstos para conseguirlos.
■ De lo conocido a lo desconocido.

- De lo inmediato a lo remoto.
- De lo concreto a lo abstracto.
- De lo fácil a lo difícil.

Otro aspecto a tener en cuenta para que la evaluación de los contenidos sea positiva, es que éstos se deben estructurar adecuadamente, por ejemplo, mediante módulos, unidades didácticas, etc. Éstas tienen que abarcar los conocimientos, las habilidades y las actitudes que capacitan al alumno para poner en práctica las funciones que desempeñará en su puesto de trabajo. Por lo general, se pueden constituir equivalencias entre objetivos generales y cursos, objetivos específicos y módulos, unidades didácticas, etc. así como entre objetivos operativos y sesión formativa,.

 Ejemplo

Siguiendo el ejemplo anterior de primeros auxilios, los contenidos que se evaluarán para comprobar si se han logrado o no los objetivos anteriormente propuestos, son:

- Primeros auxilios: conceptos generales.
- Soporte vital básico (reanimación cardio-pulmonar)-adultos.
- Soporte vital básico-niños.
- Soporte vital instrumental.
- Traumatismos osteoarticulares. Inmovilizaciones (vendajes y férulas improvisadas).
- Movilización de urgencia y posiciones de espera.
- Traumatismos craneales y vertebro-medulares.
- Otras situaciones de emergencia.

11.3. Evaluación de la metodología

La evaluación de la metodología consiste en comprobar que los métodos que se han utilizado son los adecuados para lograr los objetivos formativos, aunque éstos deben ser flexibles a la hora de utilizarlos, ya que deben adaptarse a la materia tratada, a los alumnos, a los recursos disponibles, etc.

Para conseguir que la evaluación de la metodología sea positiva, se deben tener en cuenta las características que se emplean para definir un método. Éstas pueden ser:

- Presentar y mostrar la problemática del tema para que, a través de la reflexión y el esfuerzo, el alumno pueda resolverla.
- Respetar tanto la libertad de expresión como de creación.
- Las actividades que están destinadas al alumno tienen que ser dirigidas por el formador para que el alumno reflexione y participe.
- Motivar al alumno, relacionando los temas con sus intereses, motivaciones y necesidades.
- Organizar los nuevos aprendizajes para que se integren con los ya adquiridos.
- Tener en cuenta las limitaciones y las posibilidades que tiene cada alumno.
- Dar lugar a la acción individualizada a través de tareas que requieran planteamientos y acciones individualizadas.

11.4. Evaluación de actividades y recursos

Las **actividades** son unos elementos que acompañan a los contenidos formativos, ya que éstas refuerzan los contenidos que son expuestos por el formador. Siempre debe existir coordinación entre ambos, para esto se deben seleccionar adecuadamente tanto los métodos como las técnicas.

Para evaluar las diversas actividades que se han desarrollado, hay que formular una serie de preguntas para saber si las actividades han sido eficaces o han fallado en su ejecución. Algunas de estas preguntas pueden ser:

- ¿Qué ha hecho el alumno?
- ¿Ha sabido aplicar los conocimientos necesarios para lograr resolver las actividades?
- ¿Valora y comprende la finalidad de la actividad?
- ¿Ha mostrado interés en la realización de la misma?
- ¿Qué ha aprendido?
- ¿Han sido válidas las actividades?

- ¿Cuáles han fallado? ¿Por qué?
- ¿Se han alcanzado los objetivos?
- Etc.

Junto con las actividades, los recursos también tienen que ser evaluados, ya que de ellos va a depender en cierta manera la eficacia de las actividades. Por eso, en la evaluación de los recursos hay que tener en cuenta la eficacia de aquellos que se han utilizado y cuáles son los que se hubieran necesitado para desarrollar el curso.

Se pueden distinguir varios criterios para evaluar la eficacia de los recursos:

- Su calidad, porque actúa como mediador entre la realidad y la estructura cognitiva del alumno.
- El contexto metodológico, ya que todo va a depender de la metodología usada por el formador.
- Los propios alumnos, sus motivaciones, intereses, etc.
- La experiencia del formador en el manejo de los diversos recursos, sus habilidades, etc.

También es necesario tener en cuenta qué evaluar de los recursos:

- La rentabilidad de éstos.
- El aprovechamiento para distintas finalidades.
- El mantenimiento.
- La actualización, deben adaptarse a las nuevas tecnologías.
- La adecuación al proceso de enseñanza-aprendizaje.
- Posibilitar la acción, estimular y responder a las curiosidades presentes en el alumnado.

11.5. Evaluación del formador

La figura del formador es muy importante a lo largo de todo el proceso formativo, ya que, en cierta manera, el éxito o el fracaso de la formación recae sobre él, por lo tanto, es imprescindible conocer previamente a la persona que va a impartir un curso.

El formador es el mediador entre los contenidos y los alumnos, por lo que debe evaluarse de forma continua y a lo largo de todo el proceso de enseñanza-aprendizaje, así como al final del proceso, momento en que se comprobará si los métodos y estrategias que ha diseñado y utilizado han sido los adecuados, introduciendo posibles modificaciones para las prácticas futuras.

La evaluación del formador se puede realizar desde varias vertientes, en cada una de ellas se evalúan aspectos diferentes, pero todas persiguen el mismo fin, que es fomentar la calidad de la formación.

Evaluación realizada por los alumnos

Los alumnos pueden evaluar aspectos como la relación del formador con los alumnos, la organización de las sesiones, el control de clase, la efectividad de la enseñanza, etc.

En la siguiente tabla se muestra un cuestionario a modo de ejemplo:

Marque la opción que más se adecúe a las características que prevalecieron a lo largo del curso

1. Las oportunidades que tuve para realizar preguntas en clase fueron:
   a. Frecuentes
   b. Regulares
   c. Escasas
   d. Muy escasas

2. El interés que mostró el formador respecto a los alumnos fue:
   a. Satisfactorio
   b. Regular
   c. Poco
   d. Muy pobre

3. El clima existente en el aula fue:
   a. Bueno
   b. Regular
   c. Tenso
   d. Malo

Continúa en página siguiente >>

<< Viene de página anterior

**Marque la opción que más se adecúe a las características
que prevalecieron a lo largo del curso**

4. En la prueba final se evaluaban los contenidos dados a lo largo del curso:
   a. Sí
   b. No

5. El material presentado en el curso fue:
   a. Original
   b. Poco original
   c. Nada original

6. Las actividades que realicé para asimilar los contenidos fueron:
   a. Útiles
   b. Regulares
   c. Pobres
   d. Inútiles

7. El contenido marcado para el curso se expuso en su totalidad:
   a. Sí
   b. No

8. El grupo de alumnos afectó a mi aprendizaje:
   a. De manera positiva
   b. De manera negativa
   c. No me afectó

9. El material audiovisual me pareció:
   a. Atractivo
   b. Regular
   c. Inadecuado

10. Los procesos, problemas y soluciones experimentados en el trabajo en grupo fueron:
    a. Bien planteados
    b. Regular planteados
    c. Mal planteados

11. Las exposiciones por parte del docente me parecieron:
    a. Buenas
    b. Regulares
    c. Malas

Continúa en página siguiente >>

<< Viene de página anterior

Marque la opción que más se adecúe a las características que prevalecieron a lo largo del curso

12. La actuación del profesor durante el curso evidenció:
    a. Un elevado conocimiento de la materia
    b. Un mediano conocimiento
    c. Un escaso conocimiento

13. El profesor supo controlar las conductas perturbadoras sucedidas a lo largo del curso de forma:
    a. Eficaz
    b. Regular
    c. Ineficaz

14. El ritmo que siguió el profesor al exponer los contenidos me pareció:
    a. Muy bueno
    b. Satisfactorio
    c. Monótono

15. La secuencia de presentación de los contenidos del curso fue:
    a. Lógica
    b. Regular
    c. Arbitraria

16. La actuación del profesor despertó interés y motivación:
    a. Muchas veces
    b. Algunas veces
    c. Pocas veces
    d. Ninguna vez

Evaluación realizada por el propio formador

En esta evaluación, el formador va a evaluar la preparación del curso, el desarrollo del mismo, y también realizará una evaluación propia de su actuación como formador.

En la siguiente tabla se muestra un cuestionario a modo de ejemplo:

Marque la opción que más se adecúe a las características que prevalecieron a lo largo del curso

A. PREPARACIÓN DEL CURSO

1. ¿Cómo ha sido el tiempo con el que ha contado?
   a. Suficiente
   b. Insuficiente

¿Por qué? _____

2. ¿Cómo considera la distribución de las sesiones del curso?
   a. Adecuadas
   b. Inadecuadas

¿Por qué? _____

3. ¿Ha dispuesto de las guías didácticas del curso?
   a. Sí
   b. No

¿Por qué? _____

4. ¿Ha dispuesto de los recursos necesarios para la preparación de sus sesiones?
   a. Sí
   b. No

¿Cuáles le han hecho falta? _____

5. Teniendo en cuenta su nivel de formación, ¿ha necesitado apoyo por parte de la dirección del curso?
   a. Sí
   b. No

¿Cómo ha sido el apoyo? _____

B. DESARROLLO DEL CURSO

6. ¿El desarrollo de las sesiones (distribución y tiempo) se ha correspondido con la planificación prevista?
   a. Sí
   b. No

7. ¿La metodología utilizada para el desarrollo de las sesiones ha propiciado la participación e implicación del alumnado?
   a. Sí
   b. No

¿Por qué? _____

Continúa en página siguiente >>

<< Viene de página anterior

Marque la opción que más se adecúe a las características que prevalecieron a lo largo de curso

---

8. ¿Considera que el clima del curso ha sido el adecuado?
   a. Sí
   b. No

   ¿Por qué? _____

9. ¿El contexto donde se ha desarrollado el curso ha sido adecuado y oportuno?
   a. Sí
   b. No

   ¿Por qué? _____

10. ¿Ha conseguido los objetivos propuestos?
    a. Sí
    b. No

    ¿Por qué? _____

C. AUTOEVALUACIÓN

11. Evalúe de 1 a 4 los siguientes apartados relacionados con su intervención como formador, donde:
    1. Considero imprescindible mejorar mi formación en este aspecto.
    2. Considero necesario mejorar mi formación en este aspecto.
    3. Cuento con recursos necesarios para el desarrollo ajustado del curso, pero podría encontrar dificultades si éste cambia el rumbo prefijado.
    4. Mi formación al respecto es adecuada y dispongo de recursos suficientes para el desarrollo óptimo del curso.

	1	2	3	4
Dominio de los contenidos				
Metodología/didáctica empleada				
Comunicación con el alumnado				
Trabajo en equipo				

D. AMPLIACIÓN

Puede anotar a continuación cualquier aportación que desee realizar y no haya sido considerada en este cuestionario.

_____

_____

11.6. Tipos de evaluación

Existen diferentes tipos de evaluación, cada una se aplicará atendiendo a diferentes criterios.

Según su finalidad o función de la evaluación

Diagnóstica

Esta evaluación, como su nombre indica, tiene un carácter diagnóstico, ya que permite que se conozcan las potencialidades del alumno. De esta manera, la actividad didáctica se dirige de forma más efectiva.

Formativa

Se utiliza como estrategia para mejorar y ajustar los procesos formativos en el momento que se están llevando a cabo, para alcanzar las metas y los objetivos marcados. La evaluación formativa es aplicable a la evaluación de procesos.

Sumativa

Se aplica a la evaluación de productos terminados, es decir, se sitúa concretamente cuando finaliza un proceso, cuando éste se considera acabado. Su propósito es determinar el grado en que se han conseguido los objetivos establecidos, para evaluar de forma positiva o negativa el resultado. Esta evaluación permite tomar medidas tanto a medio como a largo plazo.

Según el momento de aplicación de la evaluación

Inicial

Se produce al principio del proceso de enseñanza-aprendizaje. La función que tiene la evaluación inicial es identificar el nivel de conocimientos que tienen los alumnos que inician un curso y, de esta manera, comprobar si los alumnos cuentan con los conocimientos necesarios para comenzarlo, y determinar si es posible impartirlo de acuerdo al programa formativo o si se requiere alguna modificación.

Procesual

La evaluación procesual se basa en valorar, de forma continua, el aprendizaje de los alumnos y la enseñanza del profesor, a través de la recogida sistemática de datos, toma de decisiones, etc.

La evaluación procesual es totalmente formativa, ya que, al favorecer la recogida continua de datos, permite tomar decisiones en el mismo momento que se considere necesario.

Los resultados que se obtienen forman la base permanente para el formador a la hora de programar las actividades diarias, así como para establecer las actividades y los procedimientos más apropiados. De esta manera, se evitan las dificultades que se puedan producir en los aprendizajes que se están llevando a cabo. La finalidad de todo esto es evitar errores y vacíos en los aprendizajes posteriores.

Final

La evaluación final es aquella que se realiza al finalizar la formación, por lo tanto ésta recoge y valora los resultados obtenidos a lo largo de un periodo formativo.

Según su extensión

Global

Tiene en cuenta todos los elementos y procesos que guardan relación con todo lo que es objeto de evaluación. Por ejemplo, si se trata de evaluar el proceso de aprendizaje de los alumnos, esta evaluación se centra en todas las áreas en general, pero sobre todo en los diversos tipos de contenidos de enseñanza (conceptos, procedimientos, valores, normas, etc.).

Parcial

Esta evaluación no se realiza de manera global, sino que se lleva a cabo por partes, es decir, evalúa los componentes que más interesan.

Según los agentes que realizan la evaluación

Autoevaluación o evaluación interna

Es el proceso sistemático mediante el cual una persona o grupo examina y valora sus procedimientos, comportamientos y resultados, para identificar qué quiere corregir o modificar en él. La evaluación interna muestra que los alumnos están más motivados a la hora de realizar una tarea difícil. La puesta en práctica de la autoevaluación no conlleva que el profesorado abandone sus funciones, sino que implica una concepción diferente de la enseñanza.

La autoevaluación ofrece al estudiante ayuda para descubrir sus necesidades, cantidad y calidad de su aprendizaje, causas de sus problemas, dificultades y éxitos en el estudio. De esta manera, el alumno puede conocerse de manera más concreta.

Heteroevaluación o evaluación externa

La evaluación externa es realizada o llevada a cabo por otra persona que no es el protagonista del aprendizaje. En esta evaluación, lo más frecuente es que el profesor evalúe al alumno.

TIPOS DE EVALUACIÓN

Según su finalidad o función	- Diagnóstica - Formativa - Sumativa

---

Continúa en página siguiente >>

Limpieza de espacios abiertos e instalaciones industriales

<< Viene de página anterior

TIPOS DE EVALUACIÓN	
Según su momento de aplicación	- Inicial - Procesual - Final
Según su extensión	- Global - Parcial
Según los agentes que la realizan	- Autoevaluación o evaluación interna - Heteroevaluación o evaluación externa

Bloque 2
Solucionarios de ejercicios de repaso y autoevaluación

Contenido

Limpieza de espacios abiertos

 **Solucionario Capítulo 1**

1. **Señale si las siguientes afirmaciones son verdaderas o falsas.**

   a. Los decapantes se aplican sobre las superficies una vez limpias para aportar una protección frente a la suciedad incrustante.

   ☐ Verdadero
   ☑ **Falso**

   b. A través del reciclado se aprovechan los residuos, empleándolos como materia prima para la fabricación de nuevos productos.

   ☑ **Verdadero**
   ☐ Falso

   c. Siempre que se produzca un accidente por ingestión de productos de limpieza se ha de provocar el vómito a la persona afectada.

   ☐ Verdadero
   ☑ **Falso**

2. **¿A través de qué tipo de legislación suelen regular los ayuntamientos los aspectos relativos a la limpieza viaria?**

   A través de las Ordenanzas Municipales.

3. **Relacione los siguientes accidentes con la vía a través de la cual se ha producido la intoxicación:**

   a. Durante las operaciones de carga de detergente en un equipo de limpieza a presión, se produce un derrame y el producto cae sobre las manos del trabajador.
   b. Un operario bebe de una botella de plástico sin etiquetar, que había sido rellenada con un producto decapante, al confundir dicho producto con agua.
   c. Se produce un derrame de disolvente en una zona de almacenamiento sin ventilación y un operario respira los vapores acumulados.

b. Ingestión. **El producto entra en el sistema digestivo a través de la boca.**

c. Inhalación. **El producto entra en el sistema respiratorio a través de la boca y/o la nariz.**

a. Contacto. **El producto entra en contacto con la piel.**

4. **Enumere al menos cuatro posibles daños sobre el medioambiente y la salud pública generados por los residuos.**

   ▮ Contaminación de la atmósfera.
   ▮ Contaminación del suelo.
   ▮ Contaminación de las aguas superficiales y subterráneas.
   ▮ Daños sobre la salud de las personas.
   ▮ Daños sobre la flora y la fauna.
   ▮ Proliferación de vectores. Ratas, insectos y microorganismos.
   ▮ Alteración del paisaje.
   ▮ Generación y propagación de incendios.

5. **Una mediante flechas.**

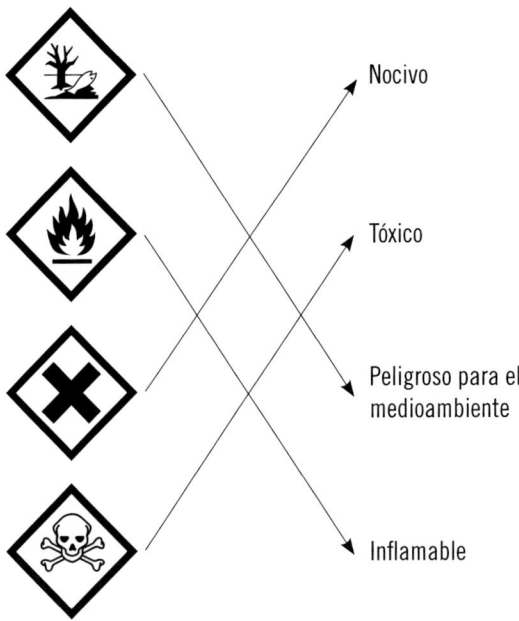

6. **Diga qué nombre que se da al tipo de indicaciones del ejercicio 4 y cuál es su finalidad. ¿Dónde deben aparecer?**

Son pictogramas de peligrosidad y aportan información acerca de los riesgos asociados a determinadas sustancias. Los pictogramas de peligrosidad deben aparecer en el etiquetado de los productos de limpieza que contengan sustancias peligrosas.

7. **Marque la respuesta incorrecta. La ropa de alta visibilidad...**

    a. ... tiene por objeto señalizar la presencia del usuario.
    b. **... no se considera un equipo de protección individual.**
    c. ... puede ser de clase 1, clase 2 y clase 3, siendo esta última la que proporciona una mayor visibilidad.

8. **Complete el siguiente texto.**

La Ficha de **Datos** de **Seguridad** es un documento que debe ser aportado por el fabricante del producto de limpieza, cuando dichos productos sean empleados para un uso **profesional.** En el mismo se encontrará información referente a los **riesgos** asociados al producto y las pautas de actuación en caso de **accidente.**

9. **Para cada señal, conteste si la misma es indicadora de peligro, obligación o prohibición.**

| Prohibición | Obligación | Peligro |

10. Una mediante flechas los impactos generados con las operaciones realizadas.

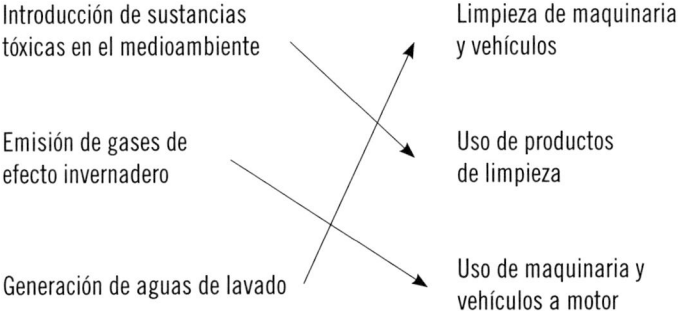

 **Actividades**

15. Mencionar qué grasa es la adecuada para lubricar pistolas de pulverización.
16. Para el caso anterior indicar qué riesgos existen y qué equipos de protección debería
llevar para la realización del trabajo.

4. Resumen

En pinturas de construcción se utilizan **útiles, herramientas y pequeña maquinaria.** Entre las primeras, las de uso más generalizado son las brochas, las paletinas, los pinceles y los rodillos o rulos, los cuales se emplearán con casi todo tipo de pintura y especialmente para imprimaciones y repasos. Para llegar a lugares menos accesibles hay que decantarse por las brochas y pinceles.

Después, dentro de las pequeñas herramientas manuales se encuentran las espátulas, llanas y talochas, cuya aplicación más corriente es la de emplastecido y repaso de grietas según su tamaño, incluso la aplicación de texturas gruesas con pastas derivadas del yeso.

En el uso de estas pequeñas herramientas se tendrá muy presente **evitar todos los riesgos** derivados: el uso de sustancias químicas tóxicas, las salpicaduras, cortes y producción de polvo, para lo cual deben utilizarse los equipos de protección individual (EPI) adecuados (guantes, gafas y mascarillas).

Entre las máquinas más utilizadas se encuentran las lijadoras, la mezcladora-batidora o agitadora, el compresor y la bomba de presión *airless* para trabajos de pulverización con aire y sin aire, así como las correspondientes pistolas pulverizadoras. Estas lógicamente se utilizan para aumentar el rendimiento de los trabajos y la calidad de sus acabados respecto a las herramientas manuales.

Los sistemas de pulverización con aire y *airless* se utilizarán con los tipos de pintura apropiados y serán de aplicación prácticamente obligada para conseguir unos óptimos rendimientos y acabados en grandes superficies, lo cual sería prácticamente imposible de realizar manualmente si se pretende ser eficiente y competitivo.

Es fundamental la limpieza de estos equipos una vez se haya terminado la jornada laboral, sobre todo en los equipos de pulverización, en los que la limpieza de conducciones y pistolas con agua o disolvente será primordial. Igualmente, el **mantenimiento periódico** indicado por el fabricante es de suma importancia para el correcto manejo y conservación de los equipos.

Ejercicios de repaso y autoevaluación

1. De las siguientes frases, indique cuáles son verdaderas y cuáles falsas.

a. La elección de los útiles y herramientas solo dependerá del tamaño del trabajo a realizar.

☐ Verdadero
☐ Falso

b. Un compresor con motor de explosión es apto para uso en recintos cerrados.

☐ Verdadero
☐ Falso

2. Relacione las siguientes herramientas y utensilios con el objeto a pintar:

a. Imprimación de perfil metálico instalado en obra.
b. Pintura plástica textura rugosa en pared de yeso.
c. Rebarnizado de galce de puerta de madera colocada.
d. Emplastecido de techo de escayola.

__ Paletina.
__ Brocha.
__ Espátula.
__ Rodillo de espuma.

3. Un producto muy adecuado para la aplicación de pinturas epoxi en pasos de cebra es:

a. La talocha.
b. El pincel.
c. La llana dentada.
d. El rodillo.

4. **Busque en la siguiente sopa de letras, máquinas de pintado.**

N	A	H	S	I	T	O	N	C
O	B	I	E	B	B	J	O	E
I	A	A	R	A	A	M	I	A
L	L	N	P	T	P	E	L	E
E	A	F	A	R	I	J	I	T
T	S	D	E	L	D	E	T	O
S	C	S	O	T	O	Q	S	R
L	O	N	P	R	R	E	L	E
R	A	R	O	D	I	T	A	B

5. **¿Qué instrumento se utilizará para lijar fácilmente techos de una habitación? Razone la respuesta.**

_____
_____
_____
_____

6. **Complete la siguiente oración:**

El compresor consiste en una máquina para producir _____ mediante un motor con un _____ que introduce _____ en un _____ de acero llamado _____

7. **¿Cuál será el almacenaje adecuado que hay que darle a una pistola airless?**

_____
_____
_____
_____

8. A los compresores se les debe someter a un mantenimiento...

  a. ... según dicte el servicio técnico.
  b. ... diario y periódico.
  c. ... diario, semanal y mensual.
  d. ... anual.

9. Indique cuál de las siguientes medidas no es necesario verificar en equipos de pulverizado:

  a. La estanqueidad de los conductos.
  b. La presión de funcionamiento.
  c. Los filtros.
  d. El nivel de anticongelante.

10. ¿En qué consiste el mantenimiento periódico?

_____

_____

_____

_____

11. Indique a partir de qué nivel de ruido es necesario el uso de protectores auditivos.

  a. A partir de 75 dB.
  b. A partir de 80 dB.
  c. A partir de 85 dB.
  d. A partir de 90 dB.

12. Si es preciso aplicar con una máquina de gotelé una gota de tamaño grueso, ¿qué se aumentará: el caudal de aire o la presión?

_____

_____

_____

_____

13. **Un equipo de protección adecuado a la producción de polvo...**

    a. ... son los guantes.
    b. ... es la mascarilla filtrante.
    c. ... son los protectores auditivos.
    d. ... son las gafas.

14. **¿Cuál es el motivo de que un equipo de pulverización airless consiga mejores resultados de acabado que uno mediante aire?**

    _____
    _____
    _____
    _____

15. **Indique cuál de las siguientes medidas de seguridad no es necesaria en el uso de una lijadora de brazo:**

    a. Sujetar fuertemente el aparato.
    b. Utilizar gafas antiproyecciones.
    c. Utilizar cinturón tipo arnés.
    d. Utilizar mascarilla filtrante.

Capítulo 3

Prevención de riesgos laborales en trabajos de pintura en construcción, técnicas y equipos

Contenido

1. Introducción

La prevención de riesgos en trabajos de pintura en construcción es absolutamente imprescindible. Se ha de tener en cuenta que la construcción es una de las actividades profesionales donde se producen mayor número de accidentes laborales, de aquí la importancia de una estricta vigilancia al respecto.

Para ello se debe tener un conocimiento amplio de cuáles son las técnicas preventivas en dichos trabajos, cuáles son los riesgos en los trabajos de pintura y cómo evaluarlos, comprobando el entorno de trabajo y la interferencia entre actividades.

Es necesario que el trabajador sepa cuáles son sus derechos y obligaciones en materia de prevención de riesgos.

Una vez analizados los riesgos, si estos no se pueden evitar será necesario utilizar medidas de protección colectiva y medidas de protección individual. En el presente capítulo también se van a desarrollar los medios auxiliares que normalmente se emplean en trabajos de pintura, así como su uso y mantenimiento adecuado.

2. Técnicas preventivas específicas en trabajos de pintura en construcción

A lo largo de este apartado se va a desarrollar cuáles son las técnicas preventivas específicas de los trabajos de pintura en construcción.

2.1. Riesgos laborales y ambientales de los trabajos de pintura en construcción

En primer lugar, se va a definir lo que se considera **riesgo laboral:** "Es la posibilidad de que un trabajador sufra un determinado daño derivado del trabajo".

Estos riesgos van a venir originados por los distintos factores que intervienen en la realización de dichos trabajos. Entre estos factores se encuentran:

- El uso de equipos, útiles, medios auxiliares e instalaciones provisionales de obra.
- El lugar de trabajo en sí, es decir, el centro donde se va a realizar la actividad.
- Medio ambiente en el que se desarrolla dicha actividad o agentes físicos como el ruido y las vibraciones.
- Agentes químicos y biológicos a los que el trabajador pueda estar expuesto por motivos de trabajo.
- Carga de trabajo ya sea física o psicológica.
- Organización del trabajo: ordenación de tareas, reparto de funciones, horario laboral, que puedan tener consecuencias negativas en la salud del trabajador.

En los trabajos de pintura en construcción los riesgos más habituales son las caídas en altura, caídas de personas al mismo nivel, atrapamientos, choques o golpes contra objetos en movimiento, así como riesgos de electrocución generados por la utilización de equipos eléctricos, contacto con productos químicos y ergonómicos.

Tipos de riesgos

A continuación, se van a desarrollar los distintos tipos de riesgos según su origen y naturaleza.

Riesgos derivados del lugar de trabajo

Son los debidos a las características del lugar donde se va a realizar el trabajo o actividad como pueden ser:

a. El diseño y características constructivas del lugar o edificio. Las características constructivas de los lugares de trabajo deben garantizar la ausencia de riesgos para los trabajadores. Si existen terraplenes o diferencias de nivel en el terreno, estas se deben encontrar balizadas para que no se produzcan caídas a distinta altura.

Por ejemplo, el terreno donde se realice la actividad debe ser estable y no resbaladizo. El edificio debe tener consistencia y solidez suficientes.

b. La limpieza y el orden del lugar de trabajo. El orden y limpieza debe ser obligatorio en la zona de trabajo para evitar los riesgos de caídas, cortes, torceduras, resbalones, etc.

c. Los equipos de trabajo utilizados. El uso de equipos de trabajos puede conllevar una serie de riesgos que pueden afectar a los trabajadores. Los equipos de trabajo son los que se utilizarán para realizar la actividad en sí, en transporte, reparación, transformación y mantenimiento, así como en la limpieza.

d. Medios auxiliares. El uso de instalaciones auxiliares puede dar lugar a caídas en altura, caídas a distinto nivel, caídas de objetos y proyección de materiales.

e. Instalaciones. Se pueden producir riesgos por contacto eléctrico, ya sea directo, al tocar un conductor de la instalación, o indirecto, cuando se produce por defectos de la instalación eléctrica o por una puesta en tensión accidentalmente. También puede haber riesgo de explosiones al conectar la electricidad en atmósferas explosivas.

Riesgos derivados del medio ambiente de trabajo

Dentro de estos riesgos se encuentran los originados por agentes físicos y por agentes químicos, iluminación y radiaciones.

Entre los agentes físicos están los siguientes:

a. **El ruido.** Riesgos originados por el ruido que exista en el medio ambiente de trabajo y que pueda originar una serie de daños al estar expuesto el trabajador a dicho fenómeno. Los daños que se producen son pérdida de capacidad auditiva que puede desembocar en distracciones, enfermedades como hipoacusia o sordera, problemas psicológicos como estrés, trastornos mentales, irritabilidad o alteraciones psicológicas como el aumento de presión sanguínea, taquicardias o aceleración del ritmo respiratorio.

b. **Vibraciones.** Cuando el trabajador está sometido a vibraciones estas pueden ser transmitidas al sistema mano brazo, afectando al sistema óseo del cuerpo o al cuerpo entero, pudiendo provocar trastornos músculo-esqueléticos.

Un ejemplo del primer caso sería el uso por parte del trabajador de una lijadora de paredes tipo jirafa. El segundo tipo de vibración es el experimentado con una máquina de pintado de líneas de carreteras, se transmite del asiento al cuerpo del obrero.

c. **Iluminación.** La iluminación puede producir una serie de daños y riesgos de accidente si no es la adecuada. Entre los accidentes que puede sufrir el trabajador estarían las caídas de todo tipo, cortes, tropiezos y daños en la vista.

d. **Radiaciones.** Son emisiones de energía que pueden afectar a la salud de los trabajadores y dependen del tipo, es decir, ionizantes o no ionizantes. Entre otras están las radiaciones gamma, las microondas y los rayos X. Por ejemplo, en el caso de reparaciones de pintura en hospitales en funcionamiento, los trabajadores pueden sufrir los daños de este tipo de radiaciones X si se encuentran en zonas de emisión.

 Actividades

1. ¿Cuáles son los riesgos más habituales en el uso de medios auxiliares?
2. ¿Qué tipo de riesgos entraña el ruido?

Riesgos derivados de agentes químicos y biológicos

Los riesgos pueden provenir de la exposición de los trabajadores a dichos agentes en el lugar de trabajo. Tanto en los agentes químicos como en los biológicos, las vías de contacto, contaminación o penetración en el cuerpo son estas:

■ **Vía respiratoria.** La penetración de los citados agentes se produce a través del sistema respiratorio, es decir, puede penetrar a través de la nariz y boca.

■ **Vía dérmica.** La penetración de dichos agentes se produce a través de la piel u ojos.

■ **Vía digestiva.** La penetración de los citados agentes se produce a través del sistema digestivo, es decir, comiendo o bebiendo.

■ **Vía parenteral.** La introducción de los citados agentes en el cuerpo se produce a través de heridas.

Los **agentes químicos** pueden encontrarse en estado sólido, como el polvo producido al lijar una pintura o masilla; en estado líquido, como la pintura líquida o en el proceso de pulverización cuando se aplica la pintura mediante pistola o imprimación y en estado gaseoso, como en el caso de la emanación de gases al abrir un recipiente de disolvente.

Los efectos que pueden producir en el cuerpo humano dependen, lógicamente, de la naturaleza del producto de que se trate, de su concentración, de la exposición del trabajador al citado agente y de las características del trabajador.

Los **agentes biológicos** son cualquier tipo de microorganismo, ya sea bacteria, virus, protozoos o parásitos.

 Nota

Los trabajadores pueden contaminarse en caso de contacto con animales muertos o mediante picaduras de insectos.

Riesgos derivados de la carga del trabajo

Se define la **carga de trabajo** como el conjunto de "requerimientos físicos y mentales del trabajador a lo largo de su jornada laboral". Esta carga podrá ser, por lo tanto, física y psicológica. La primera estará relacionada con el esfuerzo físico realizado durante la jornada laboral y la segunda, con el esfuerzo intelectual:

- **Carga física.** El riesgo que producirá la citada carga será la fatiga física lógicamente derivada de dicha actividad física, como por ejemplo, trabajos con posturas inadecuadas en el caso de pintar el techo de una habitación subidos en un elemento de altura inadecuada o con la espalda flexionada.
- **Carga mental.** El riesgo producido por la carga mental se denomina fatiga mental y da lugar a distintos efectos: disminución de la percepción, aumento del tiempo de reacción frente a los estímulos, estrés, irritabilidad, etc. Esta carga mental lógicamente depende de la cantidad y complejidad de información que el trabajador recibe durante su jornada laboral y va a depender de diversas características del trabajador como la edad, la preparación, la experiencia del trabajador, su independencia a nivel organizativo, etc. Esta fatiga mental puede dar lugar a insatisfacción laboral, ya sea porque al trabajador se le exija mucho o porque se le exija poco en proporción a lo que se puede dar de sí.

 Nota

La carga física puede dar lugar a un cansancio y, en consecuencia, a pérdidas de habilidad que originen un accidente laboral o si es reiterado, a lesiones músculo esqueléticas.

Riesgos psicosociales

Estos riesgos se originan cuando la organización del trabajo no es la adecuada por distintos motivos, como puede ser la organización de la empresa en sí y sus actividades; las relaciones personales entre los miembros de la empresa; la organización de la jornada de trabajo, las condiciones laborales del trabajador, etc.

La medida en que afectan estos riesgos al trabajador dependerá de las características y cualidades personales del trabajador.

Los factores que dan lugar a estos riesgos son el ritmo de trabajo, ya sea excesivo o insuficiente; las altas exigencias en calidad de la tarea; la monotonía de la tarea que se está realizando o la carencia de expectativas de desarrollo de dicha tarea.

Entre los daños que pueden causar los citados riesgos se encuentran la insatisfacción laboral, el estrés o la atonía en el trabajo, que al final pueden tener consecuencias en la salud como pueden ser ansiedad, irritabilidad, depresión, absentismo, etc.

 Recuerde

Los riesgos en cualquier actividad laboral se clasifican básicamente en tres tipos: riesgos debidos al lugar del trabajo, al medio ambiente de trabajo y a la carga u organización del trabajo.

2.2. Aplicación del plan de seguridad y salud

Toda actividad de construcción y, por lo tanto, la pintura en construcción se considera por la legislación en prevención de riesgos una actividad de riesgo. Hay que tener en cuenta que la legislación referente a prevención de riesgos laborales obliga a toda empresa a tener un plan de evaluación de riesgos que puede denominarse como **general,** antes del comienzo de cualquier tipo de actividad.

En dicho plan general se evaluarán todos los riesgos considerados en la actividad a desarrollar. Dichos riegos se evitarán, si es posible y si no, se utilizarán las medidas de protección colectivas e individuales necesarias para minimizarlos. Este plan se considera genérico porque los riesgos de cada actividad no solo van a depender de la actividad en sí, sino de otra serie de condicionantes como el entorno donde se van a desarrollar, el lugar de trabajo y el tipo de maquinaria y medios auxiliares a utilizar.

Por estos motivos la empresa o contratista de pinturas necesitarán realizar dicha evaluación de riesgos dependiendo de cada trabajo a realizar y de la situación concreta de cada obra. Esto se materializa en el Plan de Seguridad y Salud de una obra en concreto, de obligatoria realización cuando existe un proyecto de dicha obra y, en consecuencia, un Estudio de Seguridad y Salud o si este no fuese obligatorio, una evaluación de riesgos específica de dicha actividad.

Este Plan de Seguridad y Salud de una obra o la evaluación específica de una actividad se consideran los instrumentos de la gestión preventiva en las obras de construcción.

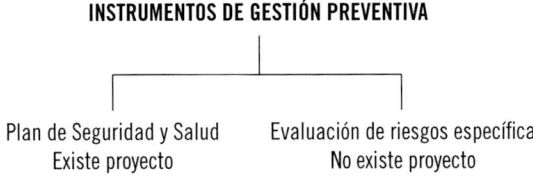

INSTRUMENTOS DE GESTIÓN PREVENTIVA

Plan de Seguridad y Salud — Existe proyecto

Evaluación de riesgos específica — No existe proyecto

 **Actividades**

3. ¿Cuándo es necesario la elaboración de un Plan de Seguridad y Salud?
4. ¿Será necesario realizar algún tipo de evaluación al introducir un equipo nuevo de trabajo en la empresa?

2.3. Evaluación elemental de riesgos

La ley de Prevención de Riesgos Laborales 31/1995 indica: "el empresario realizará la prevención de riesgos laborales mediante la integración de la actividad preventiva en la empresa y la adopción de cuantas medidas sean necesarias para la protección y la seguridad de los trabajadores". Por lo tanto, el empresario debe adoptar medidas preventivas antes de que se generen los citados riesgos o situaciones, basándose en los principios preventivos indicados en la misma ley, los cuales son:

- Evitar los riesgos.
- Evaluar los riesgos inevitables.
- Adoptar las medidas necesarias para que dichos riesgos no causen ningún daño sobre el trabajador, ya sea actuando en el origen, organizando la actividad o utilizando medidas de protección colectiva o individual.

La evaluación de riesgos es una pieza clave en la prevención de riesgos laborales; dicha evaluación de riesgos consistirá en la identificación de los riesgos, su análisis y valoración.

Esta evaluación de los riesgos que no se han podido evitar servirá para determinar sus características y así tomar las medidas oportunas para evitar cualquier daño sobre la salud del trabajador.

Fases de la evaluación

A continuación, se definirán las fases en las que consiste dicha evaluación.

Identificación de los puestos de trabajo

En esta fase se estudiará cada uno de los puestos de trabajo que van a intervenir en la ejecución de una actividad, con el fin de determinar los riesgos a los que pueden estar sometidos, para evitar en la medida de lo posible y poner medidas ante los inevitables.

 Recuerde

El principio básico fundamental en prevención de riesgos laborales es evitar los riesgos.

Para ello se analizará cada una de las tareas que se realiza en cada uno de los puestos de trabajo, determinando los riesgos, siguiendo su origen, naturaleza y las características que puedan afectar a un trabajador en ese puesto, además de considerar la posibilidad de que sea especialmente sensible.

Análisis de los riesgos

En esta fase se identificarán todos los peligros existentes en el puesto de trabajo mediante la observación del entorno del lugar de trabajo, de las tareas realizadas y de otra serie de factores de organización y sociales que puedan afectar.

Estimación del riesgo

En esta fase se van a estimar los riesgos en función de la gravedad, de las consecuencias del daño y de la probabilidad de que este se produzca, con el fin de cuantificar de alguna forma la gravedad de ese riesgo.

Se califica la probabilidad de que este suceda como **baja,** cuando el daño ocurre raras veces; **media,** cuando el daño ocurre en algunas ocasiones; **alta,** cuando el daño ocurre siempre o casi siempre. Por otra parte, se considera **extremadamente dañino** cuando el trabajador puede sufrir amputaciones, fracturas mayores, intoxicaciones o cáncer; **dañino,** cuando puede sufrir dermatitis, torceduras, fracturas menores o trastornos músculo esqueléticos y **ligeramente dañino,** cuando puede sufrir molestias e irritaciones, cortes o magulladuras pequeñas.

Valoración del riesgo

La valoración del riesgo vendrá en función de la combinación de los dos factores anteriormente señalados, es decir, probabilidad-gravedad; esto puede clasificarse mediante la siguiente tabla del INSHT (Instituto Nacional de Seguridad e Higiene en el Trabajo).

Tabla de probabilidad-gravedad del daño

		Consecuencias		
		Ligeramente dañino LD	Dañino D	Extremadamente dañino ED
		Riesgo trivial T	Riesgo tolerable TO	Riesgo moderado MO
Probabilidad	Baja B	Riesgo tolerable TO	Riesgo moderado MD	Riesgo importate I
	Media M			
	Alta A	Riesgo moderado MD	Riesgo importante I	Riesgo intolerable IN

Pintor de construcción sometido a un riesgo de caída en altura

Aplicación práctica

Usted es la persona encargada en su empresa de la realización de la evaluación de riesgos y, visitando una obra, encuentra dos operarios en una situación tal como figura en la siguiente imagen. ¿Cómo valoraría el riesgo al que se encuentran sometidos dichos trabajadores?

Continúa en página siguiente >>

<< Viene de página anterior

SOLUCIÓN

En la imagen anterior se puede apreciar que existe riesgo de caída en altura. Se puede
considerar según los apartados anteriores que existe una alta probabilidad de que se
produzca y que sería extremadamente dañino para la salud del trabajador, por lo que se
puede valora como intolerable.

Control del riesgo

Una vez pasadas las anteriores fases, se realizará el control del riesgo,
es decir, se tomarán las medidas preventivas suficientes.

La implantación de dichas medidas vendrá dada por el nivel de riesgo
obtenido, según se indica en la siguiente tabla del INSHT.

Tabla de control de riesgos. Fuente INSHT

Riesgo	Acción y temporización
Trivial	No se requiere acción específica
Tolerable	No se necesita mejorar la acción preventiva. Se deben considerar mejoras rentables
Moderado	Se debe reducir el riesgo y las medidas deben implantarse en un periodo determinado
Importante	No debe comenzar el trabajo hasta que se haya reducido el riesgo
Intolerable	No debe comenzar el trabajo hasta que se reduzca el riesgo, si no es así debe prohibirse

 Actividades

5. ¿Cree que es necesario eliminar un riesgo tolerable?
6. ¿Cómo se analiza un análisis de riesgos?

Una vez se hayan determinado las situaciones de riesgo, se realizarán las actividades preventivas necesarias:

- Eliminar o reducir el riesgo mediante las medidas de prevención en el origen, organizativas, de protección colectiva, de protección individual y de formación e información a los trabajadores.
- Controlar periódicamente las condiciones, la organización y los métodos de trabajo, así como el estado de salud de los trabajadores.

La aplicación de las medidas preventivas debe estructurarse conforme a un orden de prioridades establecido, de conformidad con los resultados de la evaluación.

 Nota

Deben evaluarse las distintas alternativas existentes para determinar cuál es la más adecuada.

 Aplicación práctica

En el caso anterior, determine cuál es el nivel de control que tendría y qué medidas preventivas tomaría.

SOLUCIÓN

En la situación anterior, el trabajo se debería interrumpir inmediatamente, ya que el riesgo de caída en altura no se encuentra controlado. Las medidas de control consistirían en la aplicación de los procedimientos de trabajo adecuados con el fin de limitar la duración de los trabajos en altura; disponer de los equipos de trabajo adecuados para la realización de los trabajos en altura; instalar un equipo de protección colectiva que impida las caídas en altura y utilizar un equipo de protección individual en el caso de que el equipo de protección colectiva no pudiese instalarse.

2.4. Comprobación del lugar de trabajo y su entorno

A la hora de planificar la realización de cualquier tipo de actividad en un lugar de trabajo, debe realizarse en primer lugar la planificación preventiva. Por lo tanto, el empresario y el operario deben revisar el estado del lugar de trabajo, así como el entorno, con el fin de establecer las medidas de prevención oportunas para la realización de la actividad de una forma segura.

 Importante

El trabajador deberá conocer los riesgos derivados de las tareas que va a realizar en dicho lugar de trabajo y entorno.

Por ejemplo, en el caso de que se deban realizar trabajos de preparación de las paredes de un edificio de viviendas en el que no se han colocado ventanas y balconeras y, por lo tanto, existen riesgos de caídas en altura, el trabajador tendrá obligación de avisar a su mando inmediatamente superior o al encargado, el cual deberá valorar la situación para planificar la tarea, tomando una serie de alternativas entre las que estarán la colocación de medidas de protección colectiva para el tapado de los citados huecos y el uso de los equipos de protección individual para evitar la caídas en altura -cinturón anti caídas y línea de vida para poder instalar dichas protecciones colectivas de una forma segura-.

El trabajador debe conocer el entorno de trabajo antes de realizar cualquier actividad, es decir, tiene que saber dónde están las zonas de tránsito del personal, las salidas de evacuación de emergencia y las zonas de entrada y circulación de vehículos y maquinaria.

Es importante tener en cuenta lo siguiente:

a. Se debe respetar la señalización existente en la obra.
b. Acceder a la obra por el lugar establecido.

c. Circular por las zonas habilitadas para los peatones donde no existan cargas suspendidas, sin invadir las zonas destinadas al tránsito de maquinaria.

d. Es obligación del trabajador comunicar al mando inmediatamente superior, encargado o empresario cualquier riesgo que pueda afectar a la salud del trabajador, compañeros o cualquier tercera persona.

En el caso de que se vayan a realizar trabajos nocturnos, por ejemplo, trabajos en carreteras de pintura de señalización, hay que tener en cuenta que se dan una serie de condiciones especiales por la falta de visibilidad y disminuye la percepción.

Otro factor es que el trabajo nocturno afecta al ciclo biológico de las personas, por lo que se incrementan los riesgos.

En este tipo de trabajos hay que seguir una serie de pautas más estrictamente que en los diurnos, como son garantizar un nivel de iluminación suficiente en las áreas de trabajo, evitar invadir las zonas de circulación de la maquinaria, obedecer toda la señalización, utilizar ropa de alta visibilidad etc.

Los trabajadores que realicen trabajos nocturnos deben tener más de 18 años y su salud debe ser vigilada en mayor medida que en los trabajos normales.

Se tendrán muy presentes las siguientes recomendaciones:

a. Utilizar ropa de alta visibilidad.

b. Antes de realizar el trabajo, la zona debe contar con luminosidad suficiente.

c. Para que los efectos del trabajo nocturno afecten lo mínimo posible a la salud, se descansará en lugares oscuros y con poco ruido y se llevará una dieta sana y equilibrada.

d. Comunicar al encargado cualquier anomalía respecto a la prevención de riesgos.

Actividades

7. Indicar qué recomendaciones se deben seguir en una obra en la que existe maquinaria de movimiento de tierras en circulación.
8. ¿Cree que siempre es útil el chaleco de alta visibilidad?

2.5. Interferencias entre actividades: actividades simultáneas o sucesivas

Normalmente, los trabajos de pintura en construcción se llevan a cabo al mismo tiempo que otras actividades de otros oficios en las obras de construcción. Es decir, se realizan otras actividades de manera simultánea o sucesiva de albañilería, revestimientos, instalaciones, carpintería e incluso de fases iniciales de la obra como actividades de movimiento de tierras, cimentación y estructura. Esta interferencia entre actividades conlleva riesgos para la salud, por lo que es necesario coordinar medidas de seguridad y salud en las citadas actividades.

Dicha coordinación se debe llevar a cabo entre empresarios ya sean contratistas o subcontratistas y trabajadores autónomos que intervengan en dicha obra. Tienen que conocerse cuáles son los riesgos que se pueden originar por dichas interferencias, establecer una cooperación entre los distintos trabajadores y profesiones actuantes en dicho momento y tener en cuenta las medidas de seguridad y de señalización en la obra con el fin de garantizar la seguridad de todos los trabajadores y de cualquier persona ajena.

Recuerde

Siempre que sea posible se evitará el riesgo de simultanear actividades y se realizará una cuando la otra haya finalizado.

A continuación, se analizarán una a una las actividades que pueden ser simultáneas con los trabajos de pintura y cuáles son las medidas preventivas a tomar. Posteriormente, se determinará cómo coordinar dichas actividades y cuáles son las medidas a tomar entre los distintos intervinientes en las citadas actividades.

Actividad simultánea con movimiento de tierras

En esta fase se tomarán una serie de medidas preventivas para la eliminación de los riesgos como pueden ser:

- Delimitación de las excavaciones y zonas de trabajo de la maquinaria utilizada.
- Definir las zonas de circulación de maquinaria y peatones.
- Uso de chalecos de alta visibilidad para la circulación por dichas zonas.
- Observar escrupulosamente el orden y la limpieza de la obra.
- Dejar las excavaciones y zanjas el menor tiempo posible abiertas para eliminar los riesgos de caídas en altura.
- No circular ni realizar ningún trabajo cerca de los bordes de excavaciones.
- Utilizar los medios auxiliares correctos para la entrada y salida de la excavación.
- Si se transita cerca de la zona de circulación de maquinaria, hay que cerciorarse de que el conductor sepa que otros operarios se encuentran allí.
- Comunicar al encargado cualquier situación que pueda entrañar cualquier riesgo para un trabajador o persona ajena a la obra.

Actividad simultánea de cimentación y estructura

Entre las medidas preventivas que se deben adoptar se encuentran:

- Evitar circular sobre las armaduras de acero y si fuese estrictamente necesario, utilizar medios adecuados como la colocación de tableros de un ancho mínimo de 60 cm.
- Evitar realizar tareas cuando se está trabajando a niveles superiores sin haber adoptado las medidas adecuadas.
- Evitar circular por las zonas donde hay riesgo de cargas suspendidas.

Actividad simultánea en la ejecución de los trabajos de albañilería y acabados

Como precaución se tomarán una serie de medidas:

- El acceso a la obra se realiza mediante un lugar seguro, es decir, con la colocación de viseras en la entrada del edificio y evitando que los trabajadores puedan acceder por otra zona.
- Organizar entre las distintas fases anteriores la permanencia de las medidas de protección necesarias. En el caso de que la empresa de pintura y la de albañilería sean distintas, se organizará que cuando finalicen los trabajos de albañilería permanezcan las medidas de protección colectiva necesarias, como redes de tapado de huecos horizontales o verticales.
- Evitar trabajar a niveles inferiores a los que se está trabajando si se pueden producir caídas de objetos, o colocar medidas de protección como redes o viseras.

Actividad simultánea con trabajos de aislamiento o impermeabilización

En estos trabajos se producen una serie de riesgos como:

- Exposición a agentes químicos a través de los gases producidos por el calentamiento de la lámina impermeabilizante o de la pulverización de recubrimientos de impermeabilización mediante pistola pulverizadora o de productos de aislamiento proyectados como poliureas e isocianatos.
- Explosión por las botellas de gas de los sopletes utilizados para el calentamiento de dicha lámina.
- Quemaduras por contacto con la llama del soplete.
- Contacto con sustancias nocivas o irritantes.

Las medidas preventivas que deben tomarse serán estas:

- La coordinación entre oficios para evitar que se encuentren personas trabajando en la zona sobre la que se están proyectando espumas de poliuretano o similares o acotado de dichas zonas.
- Asegurar la ventilación suficiente de las zonas donde se realizan dichos trabajos.
- No permitir fumar ni beber en dichas zonas.

- Controlar el uso de los correctos equipos de protección individual.
- Instalación de toldos que impidan la proyección de partículas de pulverización y proyectados al exterior que puedan afectar a otros trabajadores o personas ajenas a la obra.

Actividad simultánea con trabajos de instalaciones

Hay que tener en cuenta que en esta fase puede existir un gran número de oficios distintos trabajando a la vez, por lo que las labores de coordinación en este caso se incrementarán. Será necesario también tener muy en cuenta que las pruebas que puedan realizar los instaladores sean seguras para otros trabajadores que se encuentren en ese mismo momento.

Ejemplo

Las pruebas de conexión eléctrica deberán ser avisadas con tiempo.

Actividades

9. Indicar qué riesgos pueden conllevar las tareas de impermeabilización.

Interacción con personas ajenas a la obra

Respecto a la interacción con personas ajenas a la obra en trabajos de pintura, se evitará la caída de objetos o útiles al exterior del edificio donde se esté trabajando, así como la proyección de partículas de la pulverización de pinturas sobre personas, vehículos o propiedades ajenas. Para ello será necesario delimitar las zonas de trabajo e instalar mallas o toldos, balizamiento y señalización.

Aplicación práctica

Usted es el encargado de una empresa de pinturas; el gerente comunica que ha contratado una nueva obra en la que debe pintarse la fachada del edificio cuanto antes. Para ello visita la obra y comprueba que la fachada está terminada, pero se están realizando trabajos en cubierta, en los que lógicamente hay riesgo de caída de objetos en altura. Si se aplican los principios de la acción preventiva, ¿qué medidas pueden tomarse para evitar dicho riesgo?

SOLUCIÓN

Los principios de la acción preventiva indican que se evite todo riesgo si se puede. El riesgo principal es lógicamente la caída de objetos, por interferencia de otra actividad, en su trabajo. Para evitar este riesgo se aplicará la medida organizativa de comenzar los trabajos cuando hayan terminado de trabajar en cubierta, así se elimina este riesgo sin tener que utilizar medidas de protección.

3. Derechos y obligaciones del trabajador en materia de prevención de riesgos laborales

La ley indica que la prevención de riesgos laborales debe abarcar a todas las personas que forman parte de la empresa y garantizar todos los derechos fundamentales de los trabajadores. De ahí que cada uno de los miembros que forman la empresa debe tener conocimiento de sus derechos y obligaciones.

3.1. Marco normativo

Para avanzar en este contenido es fundamental conocer el marco normativo general de la legislación en España y, específicamente, de la legislación en prevención de riesgos laborales.

A continuación, se muestra en un esquema el entorno normativo de la legislación en prevención de riesgos.

La Ley de Prevención de Riesgos Laborales (LPRL) en su artículo 14 dice que los trabajadores tienen derecho a una protección eficaz en materia de seguridad y salud en el trabajo, por lo que el empresario debe asegurar la protección en seguridad y salud de los trabajadores.

La misma ley indica cuáles son los instrumentos legales a través de los cuales el empresario debe cumplir sus obligaciones, que son la información y formación en materia preventiva, la consulta y participación de estos y la vigilancia del estado de salud.

Entre los **derechos de los trabajadores** derivados del artículo 14 de la LPRL destacan:

- La utilización de equipos de trabajo y medios de protección.
- Información, consulta y participación de los trabajadores.
- Formación en materia preventiva.
- Actuaciones del empresario en caso de emergencia y de riesgos graves e inminentes.
- Vigilancia de la salud de los trabajadores.
- Protección de los trabajadores especialmente sensibles, la maternidad y los menores.

Las **obligaciones del empresario** se centrarán en preservar los derechos anteriormente citados mediante la aplicación de:

- Los principios de la actividad preventiva.
- El plan de prevención de riesgos laborales, cuya función es la evaluación de riesgos y la planificación de la actividad preventiva.
- La coordinación de actividades empresariales.

Recuerde

La función de Ley de Prevención de Riesgos Laborales es prevenir los riesgos, por lo que tiene un carácter preventivo. En ella se incluyen los principios que el empresario debe seguir para que se lleve a cabo.

Actividades

10. Indicar al menos cuatro obligaciones del trabajador.

Las conclusiones que se obtienen de la citada ley es que el empresario ha de tener en cuenta dicha actividad preventiva desde antes de efectuarla, mediante el Plan General de Evaluación de Riesgos, el cual va a ser el instrumento de gestión necesario para implementar todo el sistema de gestión entre todos los miembros de la empresa, desde el gerente a los encargados y cualquier trabajador.

Entre las normas reglamentarias de desarrollo que emanan de la misma Ley de Prevención de Riesgos se encuentran:

- Reglamento de los Servicios de Prevención (Real Decreto 39/1997) en el que se regulan las modalidades de organización de los recursos destinados a desarrollar la actividad preventiva de las empresas y cuáles son los procedimientos de evaluación de riesgos.
- Real Decreto 485/1997, de 14 de abril, sobre disposiciones mínimas en materia de señalización de seguridad y salud en el trabajo.
- Real Decreto 486/1997, de 14 de abril, por el que se establecen las disposiciones mínimas de seguridad y salud en los lugares de trabajo.
- Real Decreto 487/1997, de 14 de abril, sobre disposiciones mínimas de seguridad y salud en la manipulación de cargas que entrañe riesgos, en particular, dorso lumbares, para los trabajadores.
- Real Decreto 773/1997, de 30 de mayo, sobre disposiciones mínimas de seguridad y salud relativas a la utilización por parte de los trabajadores de los equipos de protección individual.
- Real Decreto 1215/1997, de 18 de julio, por el que se establecen las disposiciones mínimas de seguridad y salud para la utilización de los trabajadores de los equipos de trabajo.
- Real Decreto 374/2001, de 6 de abril, sobre la protección de la salud y seguridad de los trabajadores contra los riesgos relacionados con los agentes químicos durante el trabajo.
- Real Decreto 614/2001, de 8 de junio, sobre las disposiciones mínimas de seguridad y salud de los trabajadores frente al riesgo químico.
- Real Decreto 171/2004, de 30 de enero, por el que se desarrolla el artículo 24 de la Ley 31/1995, de 8 de noviembre, de Prevención de Riesgos Laborales, en materia de coordinación de actividades empresariales.
- Real Decreto 1627/1997, de 24 de octubre, por el que se establecen disposiciones mínimas de seguridad y salud en las obras de construcción. En este se determinan cuáles son las obligaciones en materia de prevención de riesgos de los miembros o agentes intervinientes en la obra como son el promotor, proyectista, contratista, subcontratista y trabajadores autónomos. También aparece la figura del coordinador de seguridad y salud en obras de construcción durante la elaboración del proyecto y durante la ejecución de las obras. Otro de los apartados que contiene hace referencia a los trabajos con riesgos especiales, aquellos que pueden exponer a los trabajadores a riesgos especialmente graves para su salud. En el Anexo II se incluye una lista no exhaustiva de este tipo de trabajos de riesgo especial.

ANEXO II. RELACIÓN NO EXHAUSTIVA DE LOS TRABAJOS QUE IMPLICAN RIESGOS ESPECIALES PARA LA SEGURIDAD Y LA SALUD DE LOS TRABAJADORES
Trabajos con riesgos especialmente graves de sepultamiento, hundimiento o caída de altura por las particulares características de la actividad desarrollada, los procedimientos aplicados o el entorno del puesto de trabajo
Trabajos en los que la exposición a agentes químicos o biológicos suponga un riesgo de especial gravedad o para los que la vigilancia específica de la salud de los trabajadores sea legalmente exigible
Trabajos con exposición a radiaciones ionizantes para los que la normativa específica obliga a la eliminación de zonas controladas o vigiladas.
Trabajos próximo a líneas eléctricas de alta tensión
Trabajos con exposición a riesgo de ahogamiento por inmersión
Obras de excavación de túneles, pozos y otros trabajos que incluyan movimientos de tierra subterráneos
Trabajos realizados en inmersión con equipo subacuático
Trabajos con explosivos
Trabajos de montaje y desmontaje de elementos prefabricados pesados

En la realización de cualquier tipo de trabajo de construcción en el que se incluyen los trabajos de pintura, debe seguirse una serie de principios básicos para la vigilancia de la prevención, entre los que se encuentran:

- El mantenimiento del orden y la limpieza de la obra, planificando el acopio del material para que sea equilibrada la relación entre los materiales acopiados y los necesarios y la limpieza periódica del lugar donde se realizan los trabajos.
- Establecer las actividades y designar a los operarios correspondientes según se desarrollen las fases de la obra y cuáles son las condiciones de acceso y vías de circulación, planificando el traslado de materiales dentro de la misma obra y los momentos de acopio, carga y descarga del material para que interfieran lo mínimo posible en la seguridad de los trabajadores, vigilando que se haga mecánicamente siempre que sea posible.
- Se realizará un mantenimiento y control previo a la puesta en servicio de todas las instalaciones de obra.
- Se delimitaran las zonas de acopio de materiales.

- Los trabajos entre los distintos contratistas, subcontratistas y profesionales autónomos se harán de forma coordinada.

 **Actividades**

11. ¿Es el trabajo de mantenimiento de pintura de señalización en carretera un trabajo de riesgo?

3.2. Organización de la prevención

Desde el punto de vista de la prevención de riesgos, al igual que en la organización jerárquica de la obra, existirán distintos niveles de recursos humanos que lleven a cabo dichas actividades. Esto dependerá de la empresa y de las obras a realizar. El trabajador debe tener conocimiento de dichos agentes o miembros intervinientes en la prevención de riesgos.

A continuación, se indicará cuáles son los distintos agentes o elementos intervinientes.

Servicio de prevención

El Real Decreto 39/1997, de 17 de enero, por el que se aprueba el reglamento de los Servicios de Prevención, indica que el empresario debe constituir una organización preventiva adecuada en la empresa y dotarla de los recursos humanos y materiales necesarios.

Según este real decreto, el empresario debe organizar la prevención de alguna de las siguientes formas dependiendo de las características de la empresa:

- Puede asumir personalmente la actividad.
- Designar a uno o varios trabajadores para llevarla a cabo.

- Constituir un servicio de prevención propio.
- Contratar un servicio de prevención ajeno.
- Combinar varias de las modalidades anteriores.

Todas las empresas de actividades de obras y, entre ellas, las de pintura en construcción tienen obligación de contratar un servicio de protección ajeno y no se permite que el empresario organice la prevención de otro modo por tratarse de actividades de riesgo.

Los servicios de prevención tienen como misión:

- Integrar la prevención de riesgos en la empresa mediante la elaboración, implantación y aplicación del plan de prevención de riesgos en la empresa.
- Evaluar los riesgos que puedan afectar a la salud de los trabajadores.
- Planificar la actividad preventiva y determinar las prioridades en la adopción de las medidas preventivas y la vigilancia de su eficacia.
- Informar y formar a los trabajadores.
- Vigilar la salud de los trabajadores.

 Recuerde

Toda empresa dedicada a alguna actividad de construcción, como es el caso de la pintura, deberá tener contratado un servicio de prevención ajeno.

Recursos preventivos

De los recursos preventivos se encargan trabajadores que tienen una serie de facultades asignadas, como impartir las instrucciones necesarias para el correcto e inmediato cumplimiento de las actividades preventivas o poner en conocimiento del empresario las deficiencias observadas en materia de prevención de riesgos laborales, carencia o insuficiencia de las medidas preventivas.

Dicho trabajador debe tener conocimiento, cualificación y experiencia suficiente en la actividad a desarrollar y, además, debe contar con la formación en prevención de riesgos mínima de funciones de nivel básico de 60 horas en la construcción.

 Nota

En el Plan de Seguridad y Salud debe establecerse quién es el recurso preventivo y cuándo es necesaria su presencia.

En las obras de construcción, en las que se incluyen los trabajos de pintura, es obligada la presencia de los recursos preventivos en el caso de que:

- En la realización de actividades los riesgos se vean agravados o modificados y que, por consiguiente, sea precisa una extrema vigilancia de las medidas preventivas en prevención de riesgos.
- Se realicen actividades o procesos peligrosos o con riesgos especiales.
- Lo requiera la Inspección de Trabajo y Seguridad Social.

Esto se considera una medida preventiva complementaria y tiene como finalidad vigilar el cumplimiento de las medidas incluidas en el Plan de Seguridad y Salud.

Las situaciones en las que tiene que estar presente el recurso preventivo deben aparecer en el Plan de Seguridad y salud.

El empresario de la construcción debe asignar la presencia de los recursos preventivos. Dependiendo de la modalidad de su organización preventiva, los recursos preventivos serán:

- Uno o varios trabajadores de la empresa.
- Uno o varios miembros del servicio de prevención propio.

- Uno o varios miembros de los servicios de prevención ajenos concertados con la empresa.

La importancia de que los trabajadores se involucren en la prevención de riesgos laborales

La ley de prevención de riesgos indica que la prevención de riesgos debe estar integrada en la totalidad de los miembros de la empresa; de ahí la importancia de que además de que el empresario tenga obligación de velar por la seguridad de los trabajadores, estos tengan que involucrarse en la prevención de riesgos. Por tanto, cada trabajador deberá preocuparse por la prevención en los aspectos en los que este pueda intervenir o en las personas a las que pueda afectar su actividad profesional.

Esto se reflejará en las siguientes obligaciones:

- Informar al inmediato superior jerárquico y trabajadores designados en la prevención o servicio de prevención de cualquier riesgo que pueda afectar a su salud, a los trabajadores que realicen una actividad o a personas ajenas a la obra.
- Deben cumplir con las obligaciones establecidas por la autoridad competente con el fin de proteger la seguridad y salud de los trabajadores.
- Debe cooperar con el empresario en todos los aspectos referentes a la prevención de riesgos.

Todo el personal de la empresa debe involucrarse en la prevención, ya que se trata de un trabajo en equipo y no una tarea exclusiva del empresario.

 Actividades

12.Razone si una empresa puede tener un servicio de prevención propio.
13.¿En qué situaciones debe estar presente el recurso preventivo?

Participación, información y consulta

El empresario tiene obligación de consultar e informar a los trabajadores en todos los aspectos concernientes a la gestión de la prevención de riesgos. Estas consultas por parte del empresario y participación por parte del trabajador serán canalizadas a través de los representantes de los trabajadores, aunque la información relativa a riesgos específicos que afecten a un trabajador, así como las medidas de protección individual o colectiva que se hayan de aplicar pueden hacerse de una manera directa por parte del empresario.

La representación de los trabajadores en la empresa se puede llevar a cabo mediante los delegados de prevención, delegados de personal o Comité de Seguridad y Salud.

 Nota

Los delegados de personal serán los representantes de los trabajadores cuando la empresa tenga menos de 6 empleados.

Los delegados de prevención serán representantes cuando la empresa tenga 6 o más trabajadores. Los delegados de prevención son elegidos por los delegados de personal de la empresa. El número de delegados según el número de trabajadores viene recogido en el artículo 35 de la Ley de Prevención de Riesgos Laborales.

En el caso de que la empresa tenga 50 o más trabajadores, se constituirá un Comité de Seguridad y Salud, que es un órgano paritario y colegiado destinado a la consulta regular y periódica de las actuaciones en prevención de riesgos por parte de la empresa. Este comité estará constituido por los delegados de prevención y por el empresario o sus representantes en el mismo número de miembros, con el fin de que exista una participación equilibrada entre ambas partes.

El número de delegados de prevención y la necesidad de la constitución del Comité de Seguridad y Salud vienen dados por la ley según el siguiente cuadro:

Nº DE TRABAJADORES	Nº DE DELEGADOS DE PREVENCIÓN	COMITÉ DE SEGURIDAD Y SALUD
6-49	1	NO
50-100	2	SÍ
101-500	3	SÍ
501-1000	4	SÍ
1001-2000	5	SÍ
2001-3000	6	SÍ
3000-4000	7	SÍ
MÁS DE 4000	8	SÍ

El Comité se reunirá como mínimo trimestralmente o siempre que lo solicite algunas de las partes.

En cualquier tipo de representación de los trabajadores, sus representantes deben contribuir a la integración de la prevención de riesgos en la empresa y colaborar en la adopción y el cumplimiento de las medidas preventivas consensuadas.

 Nota

Las funciones del delegado de prevención serán las mismas que las del Comité de Seguridad.

 **Actividades**

14. En una empresa con 125 trabajadores, ¿cuántos delegados de prevención deben existir?
15. En la empresa anterior, indicar si debería existir Comité de Seguridad y Salud y, de ser así, por cuántas personas estaría constituido.

4. Equipos de protección individual empleados en trabajos de pintura en construcción

La base de la acción preventiva es la eliminación de riesgos evitables mediante medidas organizativas o técnicas. Si existen riesgos que no se pueden evitar, la última medida de obligado cumplimiento es el uso de equipos de protección individual (EPI), entendiéndose por **EPI** cualquier dispositivo o accesorio destinado a ser llevado o sujetado por el trabajador, con el fin de que lo proteja del riesgo que pueda dañar la salud del trabajador.

Para elegir el EPI necesario frente a un riesgo dado, será necesario realizar la evaluación del citado riesgo. Todos los EPI a utilizar deben llevar el marcado CE. La regularización de los EPI viene dada por el Reglamento (UE) 2016/425 del Parlamento Europeo y del Consejo, de 9 de marzo de 2016 (que modifica a la Directiva 89/686/CEE).

 Nota

Las características fundamentales de los EPI serán la eficacia, la adecuación al riesgo, practicidad, comodidad y sencillez de mantenimiento.

4.1. Conocimiento de riesgos

Entre los distintos riesgos inevitables para los que va a ser necesario el uso de protecciones individuales se encuentran la caída de objetos, el ruido, los cortes, contacto con productos químicos -como la misma pintura-, proyección de partículas, presencia de contaminantes en partículas, polvo, humos y aerosoles, gases y vapores. Será necesaria su utilización cuando el fabricante de algún tipo de maquinaria lo indique en su manual de uso y mantenimiento.

4.2. Cumplimiento de normas

Los EPI se dividen en tres categorías según la gravedad del riesgo que protegen, como se muestra continuación, siendo el procedimiento de evaluación para cada uno distinto y según el Reglamento (UE) 2016/425 del Parlamento Europeo y del Consejo, de 9 de marzo de 2016.

Categoría I

Protegen de riesgos mínimos. Son de diseño sencillo. La certificación del cumplimiento de las exigencias en seguridad y salud la hace el mismo fabricante.

 Ejemplo

Un ejemplo de EPI de categoría I son los guantes.

Categoría II

Protegen frente a riesgos de grado medio o elevado, pero no de consecuencias consecuencias mortales. Tienen un diseño más complejo que los anteriores.

La certificación de cumplimiento de las exigencias frente a seguridad y salud, es decir, la obtención del marcado CE debe ser realizada por un organismo independiente antes de comenzar a fabricarse.

Un ejemplo de EPI categoría II son las mascarillas de retención de partículas.

Categoría III

Son los EPI que protegen frente a los riesgos de consecuencias mortales o irreversibles. Tienen un diseño complejo. Los trabajadores tienen que recibir información sobre su uso antes de la utilización de estos equipos, con el fin de que su uso sea correcto.

Estos EPI deberán obtener el marcado CE por un organismo independiente antes de su fabricación y, además, someterse a control de fabricación.

Un ejemplo de estos EPI son los equipos de protección frente a caídas en altura, como son el cinturón tipo arnés o las mascarillas de protección frente a gases irritantes.

 Recuerde

Todo equipo de protección individual que se utilice debe tener marcado CE.

4.3. Tipos y función de los equipos. Uso adecuado

Los tipos de EPI varían según la parte del cuerpo que van a proteger, por lo que se clasificarán según la zona que protejan.

Protección de la cabeza

Son los que protegen de cualquier daño en la cabeza del trabajador mientras se está realizando la actividad, sobre todo del riesgo de caída de objetos y de golpes. Entre los distintos tipos de EPI de este tipo están los siguientes:

- Cascos de seguridad.
- Cascos de protección anti choques y anti impactos.
- Ropas de protección para la cabeza como gorras y sombreros.
- Cascos para protección especial frente al fuego, productos químicos y contactos eléctricos con alta tensión.

En el caso de gorras anti impacto o sombreros, estos no sustituyen el casco, ya que no previenen frente a este riesgo. Estos elementos solo se pueden utilizar cuando la actividad no conlleva riesgo de choque o impacto y sirven para la protección frente a la climatología (sol, frío, etc.).

Casco de seguridad

 Importante

El casco siempre se debe utilizar cuando exista un riesgo de choque o impacto, debiendo sustituirse cuando este reciba uno.

Protección de los pies y piernas

Serían los destinados a la protección de estas extremidades ante cualquier riesgo derivado de la actividad que le pueda afectar. Según este tipo de riesgos el equipo presenta unas características específicas.

Para la protección de los pies existen tres tipos de calzado:

- **Calzado de seguridad.** Es el calzado de uso profesional que proporciona protección en la parte de los dedos, incorporando elementos de protección como punteras metálicas y plantillas anticlavo. El fin es proteger al pie de impactos y pinchazos. También existen una serie de plantillas que ofrecen protección al pie como las antitérmicas, antiperforación o antitranspiración. La puntera y la suela de este tipo de calzado deben resistir a un impacto determinado y a una fuerza de perforación indicada en la norma UNE correspondiente. Este es el calzado habitual para la actividad de pintura en construcción.
- **Calzado de protección.** Da protección frente al agua, frío o calor.
- **Calzado de trabajo.** Es un calzado de uso profesional que no proporciona protección en los dedos.

Calzado de seguridad

Para la protección de las piernas se utilizan varios EPI tales como:

- **Rodilleras.** Sirven para proteger las rodillas cuando el trabajador se encuentra durante períodos largos apoyado sobre estas, como en el caso de que se esté perfilando la parte baja de paredes en los trabajos de pintura.

- **Cuñas de espuma para las piernas.** Se atan alrededor de la pantorrilla y se utilizan durante los trabajos en los que es necesario permanecer en cuclillas, evitando la flexión total de la pierna.

Recuerde

El casco de seguridad no solo protege frente a riesgos de caída de objetos, sino también de golpes en la cabeza, por esta razón es necesario utilizarlo en espacios interiores sin riesgos de caída de objetos.

Protección de las manos y brazos

Sirven para proteger las manos o partes de ellas, sus características dependerán de los riesgos a proteger, según sean mecánicos, eléctricos, químicos, etc. Los más habituales en el trabajo de pintor son los que protegen frente a agresiones químicas como en el caso de productos corrosivos, irritantes, disolventes, etc., o mecánicas, como en el caso de manipulación de objetos cortantes.

Existen distintos materiales para estos usos: el nitrilo, látex o neopreno. Su elección se realizará según el compuesto químico que se esté utilizando y siguiendo las recomendaciones del fabricante del producto químico en la ficha del envase.

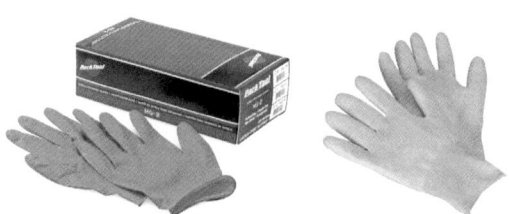

Guantes de nitrilo y de nailon con cubrición de poliuretano

Protección de los ojos y de la cara

Estos EPI van a proteger de los riesgos que conlleva la proyección de partículas en la cara o partículas en suspensión. Estos riesgos se darán en la aplicación y preparación de pinturas, ya sea manualmente o mediante pistola o en el proceso de lijado de paredes.

Como EPI, en primer lugar se encuentran las gafas de seguridad, que protegen solos los ojos y que pueden ser de montura universal, binoculares o de montura tipo cazoleta.

Las pantallas de protección facial también protegen la totalidad de la cara, las cuales hay que utilizar cuando se lije mediante lijadora de brazo, o se efectúe la limpieza de algún soporte mediante chorreado con arena o líquido.

Protección del oído

Son equipos de protección individual utilizados para la atenuación de los niveles de ruido. El trabajador debe tenerlos a su disposición de uso cuando el ruido alcanza los 80 dB (A). Es obligatorio el uso de estos protectores cuando el nivel de ruido es superior a 85 dB (A) o 137 dB (C).

Entre los distintos tipos se encuentran los siguientes:

- **Tapones auditivos y arcos aurales.** Tapan solo el oído y tienen menor capacidad de atenuación.
- **Orejeras.** Cubren las orejas y tienen mayor capacidad de atenuación del nivel de ruido.
- **Cascos antirruido.** Cubren las orejas y parte de la cabeza y son los que tienen mayor capacidad de atenuación del ruido.

Protectores auditivos

Protección de las vías respiratorias

En los trabajos de pintura en construcción se produce riesgo de partículas, polvo, humos, nieblas, gases y vapores en la manipulación de productos químicos como pinturas y disolventes o en el lijado de soportes. La inhalación de estos puede provocar enfermedades en el trabajador al afectar a las vías respiratorias.

Para la eliminación o disminución de dicho riesgo se emplearán los equipos de protección respiratoria, ya sea limitando la entrada a las vías respiratorias o poniendo una barrera frente a esta.

Entre estos equipos nos encontramos dos tipos:

- Filtrantes, que son los que retienen las sustancias en un filtro.
- Aislantes, que son los que aíslan del entorno mediante la aportación de aire limpio u oxígeno.

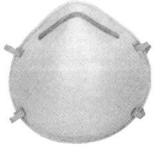

Mascarilla antipolvo

Protección de la piel

Son cremas y pomadas que protegen la piel de radiaciones, rayos solares e incluso productos químicos. Será necesario utilizarlos en los trabajos de pintura al aire libre con exposición al sol prolongada o manipulación de productos que puedan afectar a la piel.

 **Actividades**

16. ¿De qué categoría son unas gafas antisalpicaduras?
17. ¿A qué nivel de ruido este se considera perjudicial para la salud?

Ropa de protección

Servirá para la protección frente a riesgos por inclemencias meteorológicas, agresiones mecánicas, proyecciones de materiales o agentes químicos. Se distinguirá entre ropa de protección y ropa de trabajo. La diferencia con la ropa de trabajo es que la ropa de protección siempre debe cumplir una función, ya sea térmica, ignifuga o de visualización. Es básico tener en cuenta que los trabajos de pintura se realizan dentro de la actividad de construcción en los que se debe utilizar ropa de alta visibilidad, dada la necesidad de visualización y la falta de luz que se produce en la condiciones de la obra.

 Importante

En los trabajos de pintura pulverizada se utilizarán prendas especiales de protección de cuerpo entero, para evitar que partículas de la pulverización entren en contacto con la piel.

Equipos de protección contra las caídas en altura

Sirven para eliminar dicho riesgo, por lo que pertenecen a la categoría III, por ello el trabajador debe ser instruido en su manejo para que este sea efectivo.

Uno de estos equipos es el sistema anti caídas, el cual estará compuesto por:

■ Un arnés anti caídas.

■ Una conexión para unir el arnés anti caídas a un punto de anclaje seguro, incluyendo algunas veces el absorbedor de energía.

■ Un punto de anclaje seguro, que puede ser un elemento fijo o una línea de anclaje.

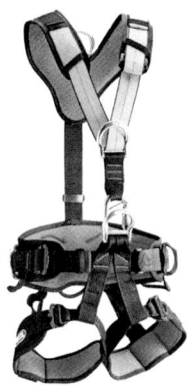

Equipo de protección anti caídas

Deben estar destinados a una parada segura del trabajador en caso de caída, por lo que entre otros factores tendrá que limitar la caída en altura del trabajador para que esta sea la mínima posible. El frenado se debe producir en unas condiciones que no produzcan daños ni lesiones al trabajador y debe ser capaz de mantener al trabajador suspendido hasta que sea rescatado.

Por estos motivos, la elección del equipo a utilizar vendrá condicionada por:

■ Las características de diseño y comportamiento en caso de caída.

■ La presencia de obstáculos en las extremidades.

■ La libertad de movimientos requeridos por el trabajador para la ejecución de la tarea.

■ La situación del punto de anclaje.

Algunos de los principales sistemas anti caídas son:

- Anticaídas con dispositivo retráctil.
- Anticaídas deslizante sobre línea de anclaje rígida.
- Sistema dispositivo anticaídas deslizante sobre línea de anclaje flexible.
- Sistema anticaídas con absorbedor de energía.

Hay que tener en cuenta que los dispositivos para el posicionamiento en altura y prevención de la caída, es decir, los que constan de cinturón y dispositivo de amarre, no sirven para la parada de las caídas. Por lo tanto, a la hora de la elección será preciso diferenciar entre sujeción y frenado de la caída.

5. Equipos de protección colectiva empleados en trabajos de pintura en construcción

Cuando resulta imposible evitar algunos riesgos, incluso aplicando medidas técnicas preventivas u organizativas, habrá que recurrir a medidas de protección colectiva, las cuales están destinadas a la protección de más de un trabajador y personas ajenas a la obra.

A continuación, se indican cuáles son las más frecuentes en trabajos de construcción y, específicamente, en la actividad de pintura.

5.1. Conocimiento de riesgos

El riesgo que se debe evitar con medidas de protección colectiva más importante es el riesgo de caídas en altura, caídas de objetos en altura, cortes y atrapamientos por uso de maquinaria, contactos eléctricos y, en menor medida, desprendimientos o enterramientos cuando se realizan trabajos de pintura en cimentaciones o cuando existen movimientos de tierra.

5.2. Normas básicas

La normativa básica es el Real Decreto 1627/1997 sobre disposiciones mínimas de seguridad y salud en obras de construcción, en el que se indica:

Las plataformas, andamios y pasarelas, así como los desniveles, huecos y aberturas existentes en los pisos de las obras que supongan para los trabajadores un riesgo de caída en altura superior a 2 m se protegerán mediante barandillas u otro sistema de protección colectiva de seguridad equivalente.

También se tendrá en cuenta el Real Decreto 486/1997, de 14 de abril, por el que se establecen las disposiciones mínimas de seguridad y salud en los lugares de trabajo.

 Actividades

18. En una rampa de acceso a la obra situada a una altura de 1,90 m, ¿será necesario colocar barandillas de seguridad?

5.3. Tipos y función

Entre los distintos tipos se hallan: sistemas de redes de seguridad, sistemas provisionales de protección de borde, viseras y marquesinas, sistemas para evitar caídas, atrapamientos y derrumbes en terrenos, y resguardos en máquinas y equipos de trabajo.

Sistemas de redes de seguridad

Están constituidos por redes soportadas por cuerdas perimetrales u otro tipo de elementos cuyo fin es evitar la caída de personas en altura. Dentro de

estos existen distintos tipos normalizados en la norma UNE EN 1263, como
los sistemas V, sistemas T, sistemas S y sistemas U.

Red horizontal de seguridad

 **Nota**

Otro tipo de sistemas son las redes en huecos verticales y redes bajo forjado.

Sistemas provisionales de protección de borde

Son los sistemas destinados a proteger a las personas de las caídas a un
nivel inferior y están normalizados mediante la UNE EN 13374. Estos deben
estar constituidos por los postes de sujeción al suelo y por una barandilla en
la que se incluyan pasamanos, barra intermedia y rodapié para impedir la
caída de objetos del suelo a niveles inferiores. Todos los elementos deben ser
lo suficientemente resistentes y tienen que estar fabricados o ser válidos para
este uso, es decir, la barandilla nunca puede estar formada por elementos de

señalización, cuerdas o cadenas. La altura mínima desde el nivel del suelo será 90 cm.

Barandilla de protección sin rodapié y barandilla completa

 Recuerde

Frente al riesgo de caída en altura existen dos tipos de protecciones colectivas: las que impiden la caída y las que limitan dicha caída. Las primeras, lógicamente, ofrecen más seguridad.

Viseras y marquesinas

Sirven para proteger a los trabajadores y personas ajenas a la obra en los accesos a la obra y vías de circulación de la caída de objetos desde altura. Siempre deben construirse con materiales que sean resistentes a la caída de dichos elementos.

Sistemas para evitar caídas, atrapamientos y derrumbes en terrenos

Entre estos se encuentran los equipos de protección colectiva utilizados para eliminar estos riesgos, como son la señalización, las barandillas, las entibaciones del terreno o los sistemas de estabilización de taludes.

Resguardos en máquinas y equipos de trabajo

Son todos los dispositivos que impiden el acceso a zonas peligrosas de elementos de una máquina o equipo, así como a cualquier tipo de maniobra inadecuada.

Los distintos tipos de resguardos son los siguientes:

- **Resguardos fijos.** Para poder eliminarlos hay que utilizar herramientas. A su vez, estos se clasifican en envolventes (envuelven la zona de peligro) y en distanciadores (no permiten llegar a una distancia determinada de dicho peligro). Por ejemplo, en el caso de una batidora de pintura, el resguardo sería la carcasa que recubre el motor.
- **Resguardos móviles.** Es posible abrirlos sin usar herramientas, normalmente van asociados a dispositivos de enclavamiento con o sin bloqueo. Por ejemplo, las puertas de una plataforma montacargas.
- **Resguardos regulables.** Son los que, siendo fijos o móviles, permiten regular en su totalidad o incorporan partes regulables. Una vez ajustados permanecen en su posición mientras se realiza la actividad.

Presostato de compresor de aire con resguardo

5.4. Montaje y desmontaje

Las medidas de protección colectiva las instalarán personas adecuadamente formadas. Las redes y cuerdas no se extraerán de las bolsas hasta que no se vayan a instalar en la obra. Se prestará especial atención a su estado y fecha de caducidad para ser reemplazadas.

Recuerde

Las redes deben ser instaladas lo más cerca posible del lugar de trabajo para limitar las caídas.

Actividades

19. ¿Qué tipo de protección sería el resguardo del disco de una amoladora radial?

5.5. Limpieza y conservación

La limpieza en las redes consiste en la recogida de objetos que caigan al exterior junto a elementos cortantes, punzantes y abrasivos como el hormigón, grasa y restos de armadura.

Cuando existe rotura en uno de los paños, se procederá a su sustitución o se instalará un trozo de paño cosido al anterior.

5.6. Almacenaje

Antes de almacenarlas también se revisará que carezcan de cortes u orificios y que estén completamente secas. Se observará que las cuerdas no presenten cortes ni desfibrados. Deben almacenarse en lugares protegidos de las acciones climatológicas y de los rayos del sol. Se tendrá precaución de no acopiarlas junto a fuentes de calor ni a sustancias o productos agresivos.

 Aplicación práctica

Hay que realizar un trabajo en un edificio en construcción en el que se han aplicado los revestimientos interiores y deben prepararse las paredes. Al llegar a la obra, se comprobará que las ventanas no están colocadas y que no existen medidas de seguridad frente al riesgo de caída por dichas ventanas. Indique qué medidas de seguridad propondría utilizar para salvar dicha situación, sabiendo que dispone de materiales de encofrados y medios de seguridad utilizados por los estructuristas en dicha obra.

SOLUCIÓN

Se antepondrían las protecciones colectivas a las individuales; lo más sencillo sería tapar dichos huecos mediante tableros, trozos de red anti caídas o colocar puntales a modo de barandilla.

 Aplicación práctica

Si en el caso anterior no se dispone de los materiales citados, sino que solo se cuenta con equipos de protección individual, ¿cuáles de estos medios utilizaría?

SOLUCIÓN

Se utilizarían equipos de protección individual anticaídas, constituidos de arnés y punto de sujeción, el cual puede ser un anclaje taladrado al paramento o a un puntal.

6. Medios auxiliares empleados en obras de pintura en construcción: clases y características, adecuación y uso, montaje, revisión y desmontaje, almacenaje

Un medio auxiliar es cualquier conjunto de elementos que, aunque no intervengan directamente en la ejecución de la obra, se utilizan para poder ejecutarla. Su utilización genera también una serie de riesgos de los que el trabajador debe tener conocimiento. Los riesgos no solo aparecen durante el uso de dichos elementos, sino también a la hora de su montaje, desmontaje, mantenimiento y almacenamiento.

A continuación, se muestran los más comúnmente utilizados en los trabajos de pintura en construcción:

■ Andamios. Son elementos provisionales que permiten el acceso al personal y los materiales de la obra a las zonas donde se van a realizar las operaciones. Las características básicas de los andamios son que deben ser estables, resistentes y seguros.
■ Plataformas de trabajo.
■ Pasarelas.
■ Escaleras.

6.1. Andamios. Clases y características

Entre su clasificación, se diferencian por el uso y la carga a la que van a estar sometidos: andamios en metálicos tubulares, en metálicos modulares, torres de acceso y de trabajo móviles, plataformas suspendidas de nivel variable y accionamiento manual o motorizado, plataformas elevadoras sobre mástil y borriquetas.

 **Recuerde**

Los andamios son elementos provisionales que permiten el acceso al personal y los materiales de la obra a las zonas donde se van a realizar las operaciones. Se caracterizan por ser estables, resistentes y seguros.

Las torres de acceso y torres de trabajo móviles están constituidas por elementos similares a los de los andamios prefabricados, con la diferencia de que podrán estar ancladas a un elemento fijo o ser autoestables.

Los andamios colgados móviles son medios auxiliares suspendidos de cables que se desplazan por las fachadas mediante un accionamiento manual o motorizado.

Los andamios de borriquetas tienen una plataforma de trabajo constituida que se apoya sobre dos borriquetas.

Andamio modular tipo "europeo"

Andamio tipo móvil

Andamio de tipo colgado

Adecuación y uso

Se debe elegir un tipo de andamio según el uso que se le dé, las dimensiones que se necesiten y según indique la normativa correspondiente.

En el caso de torres de acceso o torres móviles, estas se utilizan para la inspección, trabajos de rápida ejecución y operaciones que no impliquen acopio importante de materiales.

Los andamios colgados se utilizan para reparaciones de fachada, realización de trabajos de cerramiento, revestimientos y pintura.

Los andamios sobre mástil se utilizan para realizar trabajos en altura teniendo un único punto de acceso; pueden alcanzar alturas de hasta 100 m y una longitud de plataforma máxima de 25 m.

Los andamios de borriqueta se utilizan para pequeños trabajos de albañilería, revestimientos o pintura, en los que no se precise mucha altura de elevación.

Montaje, revisión y desmontaje

El montaje, desmontaje y las modificaciones en los andamios deben ser llevadas a cabo por personal autorizado por la empresa el cual haya recibido una formación adecuada y específica en dicho montaje, que además sea conocedor de los riesgos y las medidas preventivas que conlleva.

Según el tipo de andamios que se utilicen es obligatorio que exista un plan de montaje y desmontaje, bajo la dirección de una persona con formación universitaria o profesional que lo habilite para ello. Este es el caso de plataformas suspendidas de nivel variable o sobre mástil, andamios apoyados sobre terreno natural, soleras forjados o voladizos u otros elementos cuya altura exceda de 6 m o cuando salven vuelos y distancias superiores entre apoyos de 8 m. No es necesario para andamios de caballetes o borriquetas.

En el caso de los andamios modulares con marcado CE (llamados "europeos" en el argot de la construcción) el plan de montaje se puede sustituir por las instrucciones de montaje del fabricante. También es necesario un plan de montaje para andamios situados sobre el exterior en azoteas o cúpulas y cuando salvan alturas superiores a 24 m.

Cuando el plan de montaje no es necesario, la persona responsable del montaje tiene que tener formación en prevención de riesgos como mínimo de nivel básico. Antes de su uso, periódicamente y si se produce cualquier modificación, deberán ser inspeccionados por una persona con formación universitaria o profesional que lo habilite para ello.

 Importante

Durante el tiempo que se use el andamio será necesario llevar un sistema de protección anticaídas.

Las plataformas tendrán marcadas cuál es su carga máxima. El acceso a la plataforma de trabajo se realizará mediante una escalera independiente o una escalera interior al andamio. Las pasarelas tendrán una anchura mínima de 60 cm y estarán protegidas por una barandilla constituida por pasamanos, barra intermedia y rodapié. Siempre se utilizarán preferiblemente plataformas metálicas. La separación respecto al paramento vertical será como mucho 20 cm y se fijarán a dicho paramento mediante anclajes colocados a tresbolillo.

En el caso de torres de acceso o torres móviles se deben de cumplir una serie de reglas de estabilidad. En el caso de la fija, se considera autoestable y no necesita ser arriostrada cuando la altura dividida por el lado menor es igual o menor a 4 m. Por ejemplo, sería inestable si tiene una altura de 8 m y el lado menor de la base fuese menor de 2 m porque si se divide 8 entre 4, se obtienen 2 m, que sería la dimensión mínima para que fuese estable.

En el caso de la móvil, se considera autoestable cuando la altura dividida por el lado menor es igual o menor a 4 m si es empleada en trabajos interiores y la altura igual o inferior a tres veces el lado menor en el caso de que sea en exteriores.

En el caso de andamios colgados, los pescantes se montarán de forma que los cables trabajen totalmente perpendiculares al suelo y paralelos entre sí. Además, los ganchos se sujeción deben tener pestillos de seguridad. Los andamios de este tipo se sujetarán a un elemento fijo del edificio para evitar movimientos en distintos sentidos. Estos andamios tendrán dispositivos secundarios para que en el caso de rotura del elemento portante, este se retenga evitando la caída. El andamio debe mantenerse siempre completamente horizontal.

En el caso de andamios tipo mástil, se seguirán las mismas medidas indicadas anteriormente, se manipularán por personas formadas en su manejo, se respetará su carga máxima y antes de su puesta en marcha, el operador deberá cerciorarse de que no existe ningún obstáculo que impida el libre movimiento de la misma y que no exista riesgo para los otros trabajadores.

Los andamios de borriquetas emplearán como materiales en su plataforma tablones que carezcan de nudos, fisuras o astillas. La distancia entre apoyos será de dos metros en el caso de que madera y de tres metros en el caso que sea la plataforma de acero. Cuando se trabaja en terrazas o voladizos con caídas de más de 2 m, se colocarán barandillas de seguridad. Se apoyarán uniformemente sobre un firme estable.

Andamio tipo mástil

 Recuerde

El montaje de andamios debe ser llevado a cabo por personal cualificado y debe seguir siempre un plan de montaje.

6.2. Plataformas de trabajo. Clases y características

Son plataformas que permiten la elevación de los operarios y materiales a la altura a la que se pretende trabajar, mediante una serie de órganos de servicio, una estructura extensible y un chasis, el cual puede ser autopropulsado, sobre camión o remolcable. Tienen una posición fija de entrada y salida. Deben tener marcado CE.

Recuerde

El uso de plataformas elevadoras requiere de formación específica antes de su manipulación.

Entre los distintos tipos y clases que existen están las de tijera, -cuyo mecanismo de elevación se desarrolla mediante un sistema estructural de accionamiento hidráulico-, telescópica articulada, -el cambio de nivel se produce mediante un brazo hidráulico- y telescópica sobre camión -el chasis es un camión y el mecanismo de elevación se basa en un brazo hidráulico-.

Adecuación y uso

Tendrán una anchura mínima de la superficie de trabajo de 60 cm y cuando se trabaje sobre ellas a una altura de más de 2 m y para evitar caídas tendrán barandilla en todo su perímetro.

El personal que use este tipo de plataformas debe estar debidamente formado. No se deben utilizar elementos auxiliares situados sobre la plataforma para ganar altura. No se subirá o bajará de la plataforma o cesta trepando por los dispositivos de elevación o mediante cualquier otro elemento de acceso. Siempre hay que comprobar el estado de las protecciones de la plataforma y la puerta de acceso antes de comenzar las tareas.

El desplazamiento de la plataforma debe realizarse a velocidad lenta. Las plataformas tendrán una resistencia y solidez necesarias para las cargas y los esfuerzos a los que se encuentran sometidas. El piso será antideslizante y se mantendrá libre de obstáculos.

Montaje, revisión y desmontaje

Para su montaje se comprobará el estado de resistencia del terreno y su la nivelación. Habrá que comprobar la existencia de líneas eléctricas a la hora de comenzar los trabajos. Se evitará el riesgo de atrapamientos comprobando la ubicación del equipo y la separación de 30 cm respecto a los elementos fijos.

Para evitar el peligro de vuelco de la plataforma se comprobará que no existe ningún obstáculo en la dirección del movimiento y se mantendrá una distancia prudencial respecto a aberturas, agujeros y zonas poco estables. Tambien se comprobarán las condiciones atmosféricas antes de comenzar los trabajos.

Siempre se colocará la pluma en la dirección del desplazamiento y si existe algún obstáculo que impide la visibilidad se dirigirá la maniobra desde el suelo. Antes del giro de la pluma, se verificará que exista espacio suficiente para ello, estando fuera del alcance de vehículos y personas. Se utilizarán los EPI adecuados para cada operación.

Plataforma elevadora tipo tijera, y tipo brazo telescópico

Almacenaje

Se aparcará la plataforma en un lugar adecuado destinado para ello, se cerrarán todos los contactos y se verificará la inmovilización de esta, calzando las ruedas si fuese necesario.

 **Actividades**

20. Indicar la anchura mínima de cualquier plataforma de trabajo.

6.3. Pasarelas. Clases y características

Son los elementos que se utilizan para trasladarse de un punto a otro en el plano horizontal y con un desnivel inferior al 20 %.

Se clasifican según el uso que tengan: acceso a obra, comunicación entre zonas delimitas por huecos o patios o las necesarias para el transporte de cargas salvando zonas de escalones. Para todos los tipos, las recomendaciones son similares, como se muestra a continuación.

- **Adecuación y uso.** Tendrán una superficie con una anchura mínima de trabajo de 60 cm y cuando estén a una altura superior a 2 m tendrán barandillas laterales que imposibiliten la caída de personas en altura de 1 m; barra intermedia y rodapié que impida la caída de objetos depositados sobre la superficie.
- **Montaje, revisión y desmontaje.** El terreno donde se apoye la plataforma será firme y estable. Cuando la plataforma esté constituida por varias piezas estas se sujetarán firmemente entre sí, con el fin de evitar desplazamientos de la misma.
- **Almacenaje.** Se almacenarán en un lugar protegido de las inclemencias atmosféricas.

 **Nota**

Las pasarelas también pueden clasificarse según el material del que estén constituidas.

6.4. Escaleras. Clases y características

Las escaleras manuales son medios auxiliares constituidos por dos zancas o perfiles laterales unidas por peldaños cuyo fin es subir o bajar personas de un nivel a otro.

Normalmente, están fabricadas en metal, madera o materiales sintéticos. Existen de distintos tipos: de un solo tramo, de tijera, extensibles y con rótulas.

Escaleras extensibles y de tijera

Adecuación y uso

Solo se utilizarán las escaleras cuando exista un nivel de riesgo bajo y no se puedan usar otros medios más seguros. La tarea se debe realizar sin grandes desplazamientos del operario en la posición adoptada con la escalera.

Cuando se realizan trabajos a más de 3,5 m de altura, el trabajador deberá utilizar algún sistema anti caídas. Nunca se utilizarán escaleras de más de 5 m de altura que no tengan garantizada su resistencia. El extremo superior de la escalera deberá quedar a la altura de la cintura del operario.

 Importante

Las escaleras dispondrán de dispositivos antideslizantes. El acenso y descenso siempre se hará de frente a la escalera.

Montaje, revisión y desmontaje

La base donde se apoyarán será lo suficientemente estable como para aguantar el peso de la escalera y el operario. Se deben colocar formando un ángulo aproximado de 75° o una relación de separación al paramento vertical donde apoyen de 1 m a 4 m, es decir, para que sean estables, la separación respecto a la pared será como máximo la cuarta parte de lo que nos elevemos en vertical.

 Ejemplo

Por ejemplo, si las escaleras en vertical se elevan hasta 5 m, la separación hasta la pared será como mínimo de 1,25 m.

La escalera siempre sobrepasará como mínimo 1 m de la altura a superar. Se colocarán resguardadas de golpes de viandantes y vehículos.

Si se utilizan escaleras de tijera, estas irán provistas de un dispositivo que limite su apertura. No se pasará de un tramo a otro por su parte superior sino que se bajará y se volverá a subir por el otro extremo.

No se utilizarán nunca colocándose el trabajador a horcajadas sobre ella.

Almacenaje

Deben guardarse en lugares protegidos del sol y de la lluvia y nunca se dejaran apoyadas totalmente sobre el suelo, sino que se colocarán en soportes o perchas.

 Actividades

21. ¿A partir de qué altura debe utilizarse un sistema anti caídas en una escalera?

 Aplicación práctica

Encargan un trabajo de repaso de pintura en la chimenea de una vivienda que se encuentra a una altura de 4,5 m desde el nivel de la terraza por la que se puede acceder a ella. Explique qué medio auxiliar utilizaría, qué medidas de protección tomaría y cuáles son las recomendaciones de almacenamiento.

SOLUCIÓN

El medio auxiliar más seguro para realizar el trabajo sería un andamio, el cual, por la altura necesaria, tendría que ser con modular con marcado CE. El montaje lo debería realizar personal con formación específica con supervisión de un titulado universitario o persona habilitada a tal fin. Para poder utilizar un andamio tubular se necesitaría un plan de montaje. A la hora del desmontaje y almacenamiento de los andamios, hay que extremar las precauciones, clasificar todas las piezas y contabilizarlas; será necesario también realizarlo al resguardo de las condiciones climatológicas.

Continúa en página siguiente >>

<< Viene de página anterior

Todas sus diferentes piezas se almacenarán ordenadamente, vigilando que las pequeñas piezas necesarias para su montaje, una vez clasificadas, sean depositadas en recipientes para que no se pierdan.

Otra opción menos segura pero más económica sería acceder mediante una escalera que tenga como mínimo 5,5 m, ya que la altura de la escalera debe sobrepasar en 1 m la altura de trabajo. Se tendrá que tomar la precaución, antes de llegar a 3,5 m, de colocar un sistema anti caídas con sujeción a la pared mediante un anclaje. La distancia a este anclaje debería de ser menor a 1,5 m.

El almacenamiento de las escaleras nunca se realizará sobre el suelo, sino sobre unos ganchos o soportes adecuados.

7. Resumen

La prevención de riesgo debe integrarse en la actividad de pintura en construcción, por lo que es necesario conocer los riesgos de esta actividad, tomando las **medidas de prevención y protección adecuadas** en todo momento.

El **Plan de Seguridad y Salud** es el instrumento básico de identificación y evaluación de riesgos, así como de planificación de las medidas de prevención que se deben tomar.

La **evaluación de riesgos** es el proceso mediante el cual se identifican los riesgos de un puesto de trabajo, valorando los mismos según su gravedad y probabilidad. Para la planificación de la ejecución de las tareas desde un punto de vista preventivo se debe conocer el lugar de trabajo y su entorno, así como las tareas que se van a ejecutar, identificar los riesgos que pueden existir y adoptar las medidas de prevención y protección correspondientes para reducirlos o eliminarlos con el fin de evitar accidentes.

Normalmente, los trabajos de pintura en obras de construcción **se realizan de forma simultánea** con otras actividades y empresas, esto da lugar a que además de los riesgos propios de la misma actividad, el trabajador esté sometido a riesgos característicos de otros oficios simultáneos.

El trabajador debe conocer sus derechos y obligaciones en el ámbito de la prevención de riesgos. La **Ley General de Prevención de Riesgos Laborales** regula los principios fundamentales y las directrices de esta actividad preventiva. La protección del trabajador es un derecho fundamental de este y la ley establece cuáles son las actuaciones que el empresario debe realizar para cumplir con sus obligaciones respecto a los derechos de los trabajadores en materia de seguridad y salud.

Cuando no se pueden evitar los riesgos, ya sea mediante técnicas organizativas o técnicas preventivas, será necesario el uso de **equipos de protección individual y colectiva.** Las colectivas siempre prevalecerán a las individuales. Entre las primeras se encuentran las redes de seguridad, las barandillas y las marquesinas.

Cuando tampoco es posible eliminar el riesgo con medidas colectivas será necesario el uso de medidas de protección individual. Los trabajadores deberán utilizar dichos equipos según las instrucciones facilitados por el empresario o siguiendo los manuales de uso de los equipos y herramientas de trabajo. Entre las medidas de protección individual se emplearán los sistemas anti caídas, guantes, botas o zapatos de seguridad, protectores auditivos, gafas, máscaras y mascarillas.

Para la realización de los trabajos será necesario el uso de **medios auxiliares:** distintos tipos de andamios, plataformas elevadoras y escaleras, que se elegirán según el tipo de trabajo, su tiempo de duración y la altura de acceso al trabajo o actividad que se tenga que realizar. En cada caso, se seguirán las medidas de seguridad apropiadas frente a los riesgos que surjan.

Ejercicios de repaso y autoevaluación

1. **De las siguientes frases, indique cuál es verdadera o falsa.**

   a. Las caídas a distinto nivel, ¿son accidentes de trabajo?

   ☐ Verdadero
   ☐ Falso

   b. Las vibraciones son un riesgo químico.

   ☐ Verdadero
   ☐ Falso

   c. El riesgo por electrocución es habitual en los trabajos de pintura.

   ☐ Verdadero
   ☐ Falso

2. **Relacione las siguientes riesgos y medidas preventivas:**

   a. Ruido
   b. Químico
   c. Caídas al mismo nivel

   ___ Orden y limpieza
   ___ Uso de guantes apropiados
   ___ Diseño del equipo

3. **El empresario debe proporcionar unos protectores auditivos...**

   a. ... si el ruido supera los 75 dB.
   b. ... si el ruido supera los 80 dB.
   c. ... si el ruido supera los 85 dB.
   d. ... si el ruido supera los 90 dB.

4. ¿Es necesario colocar barandilla de seguridad en una plataforma de acceso a una obra que salva un desnivel de 2,25 m?

_____

_____

_____

_____

5. Busque en la siguiente sopa de letras tipos de riesgos.

R	H	S	I	L	O	N	G
U	T	G	O	L	P	E	S
I	A	M	Q	C	L	B	A
D	O	C	I	M	I	U	Q
O	Q	O	A	N	U	L	T
S	U	Z	L	E	U	T	O
I	E	S	A	D	I	A	C

6. En el caso del montaje de un andamio tipo mástil en una obra, ¿es necesaria la presencia del recurso preventivo? Razone la respuesta.

_____

_____

_____

_____

7. Complete la siguiente oración:

El _____ realizará la _____ de _____ _____ mediante la _____ de la _____ preventiva en la empresa y la adopción de cuantas _____ sean necesarias para la _____ y la _____ de los trabajadores.

8. ¿Es correcto que el pasamanos de una bandilla de protección anticaídas esté a una altura de 88 cm respecto al nivel del suelo?

_____

_____

_____

_____

9. Las redes anti caídas utilizadas en obras de construcción no necesitan...

    a. ... revisarse periódicamente.
    b. ... que se limpien los objetos caídos sobre ellas.
    c. ... ser sustituidas en caso de caducidad.
    d. ... que se saquen de sus bolsas al menos dos días antes de su colocación.

10. Indique cuál de las siguientes medidas no es necesario verificar cuando se usa una plataforma elevadora de personal.

    a. Estado de los circuitos hidráulicos.
    b. Estabilidad del terreno donde se va a utilizar.
    c. Resistencia de los anclajes en la pared a pintar.
    d. Funcionamiento de los mandos.

11. ¿A qué altura es necesario el uso de equipo anti caídas cuando se usa una escalera?

_____

_____

_____

_____

12. Una escalera que se encuentra separada de un paramento vertical en 75 cm y su parte superior se encuentra a 4 m del suelo, ¿está correctamente colocada?

    ☐ Verdadero
    ☐ Falso

13. Determine cuál será la dimensión mínima del lado menor para que se considere autoestable un andamio tipo torre que se va a usar en el pintado de una estructura de una nave cuya altura es de 9 m.

_____
_____
_____
_____

14. ¿Es necesario el uso de algún tipo de equipo de protección individual cuando se trabaje en el andamio del ejercicio anterior? Indique qué medida de protección colectiva es obligatorio montar en ese andamio.

_____
_____
_____
_____

15. Razone qué formación deben tener las personas intervinientes en el montaje de andamios tipo tubular y modular con marcado CE.

_____
_____
_____
_____

Bibliografía

Monografías

▌ CASTRO, E.: *Manual de Pintura en Construcción*. Madrid: ANSPI, Federación Nacional de Pintores, 1991.

▌ CÁTEDRA DE CONSTRUCCIÓN: *Pinturas. Construcción I*. Montevideo, Uruguay: Facultad de Arquitectura de Montevideo, 2002.

▌ GONZÁLEZ Martín, J.: *La Pintura en la Construcción*. Barcelona: Fundación Escuela de la Edificación, 2003.

▌ VV. AA.: *Guía de Pintado Titán*. Barcelona: Industrias Titán S. A., 2012.

Legislación

▌ Constitución Española.

▌ Ley 32/2006, de 18 de octubre, reguladora de la Subcontratación en el Sector de la Construcción.

▌ Ley 31/1995, de 8 de noviembre, de Prevención de Riesgos Laborales.

▌ Real Decreto 171/2004, de 30 de enero, por el que se desarrolla el artículo 24 de la Ley 31/1995, de 8 de noviembre, de Prevención de Riesgos Laborales en materia de coordinación de actividades empresariales.

▌Real Decreto 614/2001, de 8 de junio, sobre disposiciones mínimas para la protección de los trabajadores frente al riesgo eléctrico.

▌Real Decreto 374/2001, de 6 de abril, sobre la protección de la salud y seguridad de los trabajadores contra los riesgos relacionados con los agentes químicos durante el trabajo.

▌Real Decreto 1627/1997, de 24 de octubre, por el que se establecen disposiciones mínimas de seguridad y de salud en las obras de construcción.

▌Real Decreto 1215/1997, de 18 de julio, por el que se establecen las disposiciones mínimas de seguridad y salud para la utilización por los trabajadores de los equipos de trabajo.

▌Real Decreto 773/1997, de 30 de mayo, sobre disposiciones mínimas en seguridad y salud relativas a la utilización por los trabajadores de equipos de seguridad y salud.

▌Real Decreto 487/1997, de 14 de abril, sobre disposiciones mínimas en materia de manipulación manual de cargas.

▌Real Decreto 486/1997, de 14 de abril, por el que se establecen las disposiciones mínimas de seguridad y salud en los lugares de trabajo.

▌Real Decreto 485/1997, de 14 de abril, por el que se establecen las disposiciones mínimas de seguridad y salud en los lugares de trabajo.

▌Resolución de 11 de abril de 2006, de la Inspección de Trabajo y Seguridad Social, sobre el Libro de Visitas de la Inspección de Trabajo y Seguridad Social.

▌Corrección de errores en la Resolución de 11 de abril de 2006, de la Inspección de Trabajo y Seguridad Social, sobre el Libro de Visitas de la Inspección de Trabajo y Seguridad Social.

▌Norma ISO: 3394, referente a las dimensiones máximas que tienen que tener las cajas y más concretamente los embalajes y palés.

Textos electrónicos, bases de datos y programas informáticos

❙ Bosch Power Tools, de: <http://www.bosch-pt.com/es/es/>.

❙ Graco, Soluciones para la manipulación de fluidos, de: <http://gww.graco.com>.

❙ Guías Técnicas, de: <http://www.insht.es>.

❙ Manual de Pinturas, de: <http://www.estrellaylugar.com>.